じぶん哲学

シルクハットから鳩が出てくるのはマジックでしょうか？

土橋重隆×幕内秀夫

HANDKERCHIEF BOOKS

はじめに

「じぶん哲学」を始めてみませんか？

神奈川県の三浦半島にある葉山という静かな場所で、「ハンカチーフ・ブックス」という小さな出版舎を始めました。

この対談は、ハンカチーフ・ブックスが送りだす3冊目の本になります。話し手として登場するのは、医師の土橋重隆《つちはししげたか》先生と管理栄養士の幕内秀夫《まくうちひでお》先生。お医者さんと栄養士さんが語る本なのですが、その話題は医療や食事、健康にとどまらず、生きることの奥深くに向かっています。

土橋先生とは、これまで2冊の本を手がけてきました。最初にお会いしたのは２０１２年のことですから、かれこれ4年ほどご一緒し、本の制作を通じてその考え方、発想などを学んできました。

一言で表わすならば、やわらかで、スケールの大きな発想をする人です。

外科医として20代から先端医療にかかわり、西日本で最初の食道静脈瘤の内視鏡的栓塞療法、国内でも少数の事例しかなかった腹腔鏡下胆嚢摘出手術などの第一人者として活躍するかたわら、数多くのガン手術も執刀してきました。

経歴を見ていくと、医者としてのきらびやかな実績に目が向かいがちですが、それ以上に興味深いのが病気に対するとらえ方です。

病気の背後には、その人の生き方があります。もっと言えば、考え方を含めた心、意識といったものが、否応なく関わってきます。

通常の医療ではこの部分を切り捨てて、現れた症状のみを扱うことがほとんどですが、土橋先生は「そのあたりはさんざんやってきた。これから大事なのは、その背後に広がっている部分です」と静かに語られます。

今回、そんな土橋先生と対談される幕内先生は、ミリオンセラーとなった『粗食のすすめ』シリーズの著者として知られています。

『粗食のすすめ』の名前が独り歩きしていることもあり、幕内先生というと、伝統的な日本の食事をすすめたり、その延長で学校給食の完全米飯運動に取り組まれたり、こうした食と健康のかかわりがクローズアップされがちです。

でも、幕内先生が関心を寄せている世界はそこにとどまりません。そのバックグラウンドには、食を通して見えてくる歴史や文化が広がっています。この世界に生きている人の営みへの温かい眼差しが感じられるのです。

対談のなかでも語られていますが、お二人は旧知の間柄であり、かつては同じ職場で働いておられたこともあります。

ただ、ここまで深く話されたことは、あまりなかったかもしれません。お会いしたと同時にスイッチが入り、ゆっくり化学変化が始まりました。


ハンカチーフ・ブックスは、ハンカチのように軽くて、小さな本のなかに、心が軽くなり、元気が出てくる「哲学」をギュッと凝縮させたシリーズです。

今回の本は最初の2冊よりボリュームはありますが、8つに分かれたパートひとつひとつが完結した物語のようになっています。どこから読んでも楽しんでいただける構成になっていますので、気軽にお楽しみください。

常識というマジックから飛び出す——対談のなかで出た言葉に象徴されるように、この本には頭を柔軟にし、発想の転換をうながすたくさんのヒントが詰め込まれています。

医療や食事の話もあちこちに登場しますが、特定の健康法、食事法をすすめる内容ではありません。大きく変わりゆくこれからの世界のなかで、何を感じ、どう行動したらいいか、水先案内のような一冊になるかもしれません。

２０１６年2月

「ハンカチーフ・ブックス」編集部

長沼敬憲

土橋重隆　Shigetaka Tsuchihashi

1952年、和歌山県生まれ。78年、和歌山県立医科大学卒業。外科医、医学博士。

81年、西日本で最初の食道静脈瘤内視鏡的栓塞療法を手がけ、その後、2000例以上の食道静脈瘤症例に内視鏡的治療を施行。91年、和歌山県で最初の腹腔鏡下胆嚢摘出手術を施行、8年間に750例以上の腹腔鏡下手術を行う。2000年、帯津三敬病院にて終末期医療を経験、三多摩医療生協・国分寺診療所を経て、埼玉県川口市に自由診療クリニックを開業。著書に『ガンをつくる心　治す心』（主婦と生活社）『50歳を超えてもガンにならない生き方』（講談社）、『死と闘わない生き方』（ディスカヴァー・トゥエンティワン／玄侑宗久氏との対談）などがある。

http://tuchihashi-world.jimdo.com

幕内秀夫　Hideo Makuuchi

1953（昭和28）年、茨城県生まれ。東京農業大学栄養学科卒。管理栄養士。

日本列島を歩いての縦断や横断を重ねた末に「FOODは風土」を提唱する。現在、フーズヘルス研究所、学校給食と子供の健康を考える会代表。帯津三敬病院において約20年にわたり食事相談を担当。ミリオンセラーになった『粗食のすすめ』『粗食のすすめ レシピ集』（ともに東洋経済新報社）をはじめ、『夜中にチョコレートを食べる女性たち』（講談社）、『変な給食』（ブックマン社）、『「健康食」のウソ』（PHP新書）、『世にも恐ろしい「糖質制限食ダイエット」』（講談社＋α新書）、『ドラッグ食（フード）』（春秋社）など、著書多数。

http://fandh2.wix.com/fandh

もくじ

常識という
マジックから
飛び出す

「とことんやり切ると先が見えちゃう」

幕内　最初にお会いした時から、もう10年くらい経ちますかね？

土橋　いや、２０００年の頃ですから、もう15年近く……。

幕内　そんなになりますか？　帯津三敬病院にやって来られたんですよね、和歌山の大病院から単身、東京に乗り込んできて……。

土橋　そうですね。ご縁があって川越の帯津良一《おびつりょういち》先生のところで働くことになったんです。帯津先生は統合医療の第一人者のような方ですからね、西洋医学のど真ん中のような場所から、１８０度違う世界に飛び込んだわけです。

幕内　あの頃はいい時代で、帯津病院の医局には医者だけじゃなく、私のような栄養士もいたり、看護師、心理療法士、音楽療法家などいろいろな人がいて、自由に話ができる居心地の良さがありましたね。そんなところに土橋先生がやって来られた。

土橋　なつかしいですね。

幕内　第一印象はね、青春映画で若者が土手とか海岸を走るシーンがあるじゃないですか。

土橋　ああ、ラグビーボールかサッカーボールを持って？

幕内　そうそう（笑）。それで夕日に向かって、バカヤローとかってね、何がバカヤローなのかよくわからないんだけど、青春そのものという感じでしたね。

土橋　いったいどういうイメージですか？（笑）

幕内　つまりね、先生の経歴を多少は耳にしていたわけですけど、外科医として一線級の仕事をされてきた、私からすればエリートですよ。まあ、外科医というのがポイントだと思うんですが、住んでいる家とか乗っている車とか……経済的にも社会的にも満たされている場所にいたわけですよね。それがあの年で……。

土橋　40代後半でしたね。

幕内　家族もいる、ある程度できあがった年齢で和歌山から出てきて、しかも個人病院と言ったってかなり大きな、いわば経営者の一族だったわけでしょう？　そんな人が単身上京してくると言ったらね、これはもう青春でしかないでしょ？（笑）

土橋　まあ、青春でしたね（笑）。

幕内　だから、よほどの思いがあったと思うんですね。私の偏見かもしれないけれど、耳鼻科とか眼科の医者だったら、こんなことしないと思うんです。外科の世界を極めたから、そこまで思い切ったことができたという……。

土橋　ははは。何となく言いたいことはわかりますけどね。外科は結果がハッキリわかる世界ですから、とことんやり切ると先が見えちゃうんです。私の場合、そこに至るまで20

年かかったわけですけど。

●「食事って面白いなあ」

幕内　私は栄養士になりたての頃、専門学校で教えていたんですが、カルシウムがどうだとかビタミンがどうだとか、人が生きることには何ら関係ない、ただの食品学でしかないことに疑問を持って、2年で学校をやめてしまったんですね。

土橋　20代の頃ですよね。

幕内　ええ。それで退職したのはいいけれど、何をやっていいのかわからない。そんな私が次の一歩を踏み出したのは、山梨県の棡原《ゆずりはら》を調査していた古守豊甫《こもりとよすけ》先生という内科の先生とお会いしたのがきっかけでした。

土橋　棡原と言えば、確か長寿の村と言われた……。

幕内　当時の朝日新聞に「ほろびゆく長寿村」という記事が載っていて、それを読んだのが最初でしたね。簡単に言うと、長寿村と呼ばれた棡原ですが、実際に長寿なのは、一見「粗食」に思えるような質素な食事を続けていた高齢者だけで、その子供たちの代、「豊かな食生活」をしているはずの若い世代のほうは病気が多いと。

土橋　まさに、ほろびゆく……ですね。そうした背景には、欧米化と呼ばれるような生活スタイルの大きな変化があったわけですよね。

幕内　そう。食事がどういうことではなく、ライフスタイルが変わってしまった、それが体の問題につながっていったと。古守先生にお会いして、様々なお話を聞くことで初めて「食事って面白いなあ」って思うようになったんです。

土橋　そこが幕内先生の原点だったんですかね。

幕内　「食品学」から「栄養学」に初めて出会った気がして。栄養学というのは、本来は「営養学」と書いたらしいですけどね。

土橋　食べるということは、まさに生きるための営みですよね。先生がいまの栄養学を食品学と言うのは、この「営み」の部分が欠落しているからでしょう。

幕内　ええ。それ以来、アルバイトをしながら猛烈に本を読んで、食事のことを重視している医療者を訪ね歩いて話を聞いて、次第に現場で働きながら食の世界について学びたいと思うようになったんです。

土橋　どこかの医療機関で働いたんですか？

幕内　最初に働いたのは、伊豆高原にあるみどり会保養所というところです。ここの所長をされていた馬淵通夫《まぶちみちお》先生との出会いが大きかったですね。馬淵先生は、満州医大を出た外科の先生だったんですが、私が出会った頃は、鍼《はり》とか漢方とか心理療法とか食事療法とか、当時は珍しかった統合的な医療を目指しておられました。私は伊豆の保養所に住み込んで、仕事を手伝いながらいろいろなことを学んでいったんです。

土橋　なるほど。パイオニアの先生のもとで。

幕内　その保養所には図書室があり、先生が読まれた膨大な書籍があったんです。医学書だけでなく、農業、栄養学、心理学、物理学、思想・宗教の本まで……好きなだけ読むことができたのは恵まれていたと思いますね。

中島みゆきは広い意味で〝医者〟なんですね

幕内　先生の話に戻ると、私がいままで出会ってきたなかで、理屈抜きにして魅力的な医者というのは、馬淵先生も帯津先生もそうですが、ほとんど外科医なんですね。たとえば、最近お亡くなりになった作家の渡辺淳一さんは何でしたっけ？

土橋　確か整形外科医だったんですよね。

幕内　先ほども言いましたが、特殊な病気を除くと、歯科とか耳鼻科とか眼科とか、皮膚科とか、命にあまり関わりはないと思うんです。怒られそうですが（笑）。やっぱり、生と死に関わる医療をやっている人のほうが深く考えざるを得ないでしょう？

土橋　まあ、外科の場合、つねに結果が問われますからね。

幕内　だから、その分、明快で、歯切れがいいと思うんですね。もっとも、これは医者だけに限った話ではありません。私たち栄養士も生と死からはほど遠い仕事ですが、魅力的な人なんて滅多にいませんから。

土橋　幕内先生は例外だと思いますけど（笑）。

幕内　いやいや、なんて言うんだろう……話が少し飛んじゃうんですけど、私は中島みゆきが好きで、あの人の歌を聴くたびに、これはもう普通じゃないと、素晴らしいと思うんですが、彼女のお父さんも確か産婦人科医なんですよね。

土橋　いきなり中島みゆきですか（笑）。

幕内　要するに、体を治すということももちろん大事なことなんですが、その欲求だけでは満足できなくなる。もっと大きな意味で治すというのかな、先生の言葉でいえば、体から心、人間全部と関わり合いたいという……。ハッキリした自覚なんてなかったでしょうけど、彼女にはそういう思いがあったと思うんです。

土橋　広い意味でのお医者さんなんですね。

幕内　まあ、中島みゆきと一緒にされると困るだろうけど（笑）、先生にもそういうところがあったと思うんですよ。

土橋　なるほど。外科と言っても、体のある部分を切ったりするだけですからね。人間全部を診られるわけでは当然ありません。

幕内　部分的なことをやっているプラスももちろんあるけれど、とことんやると物足りなくなるはずだと思うんです。中島みゆきの場合、幼い頃から親の仕事を見てきたはずですから、その段階でもっと大きな世界に目が向いたというか、親がやってきたことをもっと違う形で受け継いだのかなと思うんですよ。

土橋　確かに彼女はたくさんの人を治していると思いますよ。

幕内　そういうものが内面になかったら、きっと親のあとを継いでいたと思うんです。そのほうが楽でしょうしね。

土橋　まあ、中島みゆきをそんなふうに見ているのは、先生だけかもしれないですが（笑）、無意識にそう思っていたというのはわかりますね。

より大きな挑戦をしたいという欲求

幕内　同じ歌手で言えば、井上陽水も親が歯科医で、彼は親のあとを継ごうとして３浪くらいしているようなんですね。結局、途中でやめて北九州から上京し、歌の世界で認められるようになったわけですが、彼にしてももっと広い世界で親のあとを継いだんじゃないですかね。単に大学に入れなかったからじゃなくてね。

土橋　その点は、中島みゆきと同じだと。

幕内　歌手だけじゃないですよ。たとえば、沖縄で知り合ったある女医さんがいるんですが、彼女の家はお母さんが歯医者、お父さんが医者、兄弟どころか親戚もみんな医者。ところがその女医さんの長男は、学校の教員になったというんですね。

土橋　それはすごい。風当たりが相当あったんじゃないですかね。

幕内　ええ。みんな嘆いてると言うんですが、私はそれって嘆くことなのかなと思ったんです。先生が東京に出てきたことと重なると思うんですが、外科医が治せる病気はどれほどあるのか？　もちろん、たくさんあるとは思いますが、社会や教育、環境まで考えないと治せない病気が多くなっていると思うんです。

土橋　その点は確かにおっしゃる通りですね。

幕内　その方は、仕事は違っても親と同じ道を歩んでいるように思うんですね。学校というのはもっと広い、社会的な病院みたいなところがありますから、より大きな挑戦をしたいという欲求が湧いてきたんだろうと思うんです。

土橋　学校の先生も、ある意味、治す仕事ですからね。

●医者という肩書きからはみ出ていく人

幕内　そう言えば、私、いま塾に関わる仕事もやっているんですよ。学力を上げるための食事を指導してほしいと依頼されて、その塾には夏合宿などもあるんですが、数日経つと子供たちが疲れて、集中力が低下してしまう。便秘になるなど体調も崩すことが多い。

土橋　それを食事で変えると？

幕内　食事で学力が上がったら世話ないですが、疲れてしまって、伸び悩んでいる子供にアドバイスをしたら、勉強に対する姿勢はかなり変わってきましたね。

土橋　ほう。それはすごい。

幕内　で、その塾の関係者と終わった後に軽く一杯飲んだんですが、たまたま隣に座った人と話していると、どこか普通じゃない。よくよく聞いてみると、つい最近まで国立大学病院の消化器外科の先生だったというんですね。「なんでここにいるんですか？」って聞いたら、いま、塾で働いてるっていうんですよ。

土橋　医者という肩書きに囚われず、どんどんはみ出ていく人もいるんですね。

幕内　そういう人のほうが面白いですよね。

土橋　この人も医療という枠の中では飽き足らなくなった、もっと広い世界で治したいと思うようになったのかもしれません。

幕内　はみ出していくと言えば、作家もそうですよね。たとえば、私は渡辺淳一や北杜夫が好きだし、『白い夏の墓標』という作品を書いた帚木蓬生《ははきぎほうせい》も好きだし。

土橋　渡辺さんは整形外科医で……。

幕内　あとのお二人は精神科医ですよ。

土橋　ああ、みんな医者出身なんですね。

幕内　帚木さんは、いまも精神科医をやっているんじゃないかな。精神科もどこまでが病気なのか？　何をもって治ったと言えるのか？　深く考えざるをえないところがあるじゃないですか。だから、先生もね……。

●「形態が現れる以前のところに原因があるわけです」

土橋　いやいや、私は歌手や作家にはなれませんよ（笑）。

幕内　でも、似たような思いってあったでしょう？　私の勝手な想像ですが、出会った当時の先生には、とりあえずこのまま和歌山にいても面白くない。もっといろいろなことをやりたいっていう欲があったと思うんですよ。先ほど話した土手を走っているイメージが、こういう話とつながってくるわけでね。

土橋　ええ。外科医という枠には、もう収まりきらなかったですね。

幕内　それで、病気と心の関係とかに目を向けるようになったんでしょう？　あの頃、半分冗談で言っていたのを覚えてますよ。「先生は将来、きっと宗教家か哲学者になるよ」って。いまもうそんな感じでしょうけど。

土橋　何回も言われましたね（笑）。

幕内　そのくらいのエネルギーがなきゃ、わざわざ出てくる意味がないですからね。だって、世間で言うところのいい医者というのは、そんなことをしなくても、ただ体の悪い部分を診るだけで収入があって、ステータスがあって、だいたいはゴルフやって、いいお酒を飲んで、いい女を見つけてみたいなことで満足する感じでしょ。先生だって、ある程度は満たされていたはずなのに外に出てきたっていう……。

土橋　いま、部分を診ていると話されましたが、外科医にとって部分というのはまさに臓器そのものですよね。対象がハッキリしているわけです。でも、私も内科をするようになってわかったんですが、内科は同じ臓器を扱っていてもぼやけている。何を見ているのかよくわからない、というようなところがある。

幕内　内科が扱うのは慢性疾患ですからね。

土橋　こう言ったら失礼かもしれませんけど、内科の場合、別に治らなくてもいいんですよ。いまのやり方では治せないことのほうが多いですしね。そういう意味では、ヘタをすると達成感のない世界がずーっと続くわけです。そのまま引退するまで、ずーっと行っちゃう可能性があると思うんです。

幕内　先生は、自分なりにやり尽した思いがあったんでしょう？

土橋　やり尽くしたので達成感はありましたよ。でも、年齢的にも若かったですから、まだまだやれるという思いもすごくあったんです。医者としての貯金を切り崩して生きるようなことはしたくなかったですから。

幕内　どんなことをやりたかったんですか？

土橋　もっと本質的なことというか……。従来の病理学的な視点というのは、病気というものをあくまで形態としてとらえるわけです。でも、ガンという病気にしても、その形態が現れる以前のところに原因があるわけですよね。

幕内　それが、心や生き方であったりするわけですね。

土橋　そうした、これまでとまったく違う角度から病気の本質を探ってみたいというのが、外科の世界から離れた動機の一つ。

幕内　もう一つは？

土橋　簡単に言えば、医療というシステムに対する疑問でしょうね。外科医をやっていた頃からうすうす感じていたわけですけど、その頃になると、医療はマジックだということが何となくわかってきたんです。

●マジックのタネ明かしをしてみたい

幕内　マジックですか？

土橋　ええ。マジック。手品ですね。手品というのは、必ずタネ明かしがあるわけですよね？タネがわかってしまったら、もう面白くないわけで……。

幕内　なるほど。先生はタネがわかってしまったと。

土橋　医者も患者さんも、いまの医療を当たり前のように受け入れているでしょう？　多少疑問はあっても、批判精神は持っていても、そういうものだと思って医療と関わっている。患者さんで言えば、体調が悪くなれば病院に通い、薬を飲み、医者の言葉に従っているわけですが、それがマジックだったら……。

幕内　いや、それを言ったら社会全体がマジックでしょう。

土橋　どう言えばいいですかね？　たとえば、シルクハットから鳩が出てきても、それは本当じゃないわけですよね。手品だとわからずに鳩が出てきたら、誰だってビックリすると思いますが、タネがあるとわかれば見方が変わってきますよね。

幕内　その意味では、マジックとすら思っていない人のほうが多いということですね。本当に鳩が出てくると思っている。

土橋　そう。医者にかかれば病気が良くなると思っているから、わざわざ診てもらうわけでしょう？　国だってそういう前提で保険診療のシステムを作っている。3割負担だから安いと思ってみんな普通に利用している。

幕内　それがマジックだと？

土橋　病気が治るということは、全然別のところにカギがあると思うんですね。それがわかってしまえば「なあんだ」ということになる。誤解されやすいと思うので強調しますが、安易に医療批判をしているわけじゃないですよ。あとでゆっくりお話ししますが、統合医療や代替療法をすすめようというわけでもない。

幕内　もっと根本のところを話されているわけですね。

土橋　私は外科の仕事を自分なりに納得するまでやっていくなかで、医療はマジックだということがわかってきた。だから、このマジックのタネ明かしをしてみたいと思うようになったんですね。マジックのまま、人生を終えたくないと。

医者もマジックにかかっている

幕内　先生の話で言えば、医者もマジックにかかっているわけでしょう？

土橋　ええ。自分がマジックをしている側だったらまだいいんですけれど、実際はそうではない。マジックの枠の中にはめ込まれている自分がいる。

幕内　だから、社会全体がマジックなんですよ。

土橋　マジック云々ということを抜きにしても、臨床の現場で対象となるのは臓器だけで、人間は診られないわけです。こうした人間を対象にしていないというところが、私からすればすでにマジックなんですね。

幕内　この話にピンと来ない医者も、きっと多いでしょう。

土橋　私は保険診療を１００パーセント否定しているわけではありませんが、いまの診療システムのなかでは、患者さんはどうでもいい存在なんですよ。いや、自分は患者さんを診ているという医者もいるでしょうけれど、実際に診ているのは臓器の悪い部分だったり、検査の数値やデータだったりするわけです。人の存在が見えなくなってしまっている現実に気づけないと、そもそも病気が治るとはどういうことなのか、肝心なところなんて探求すらできないでしょう。

幕内　先生はそれがわかってしまった。

土橋　要は、本質とは違うところで物事が動いている。そうした仕組みに気づいてしまったら、自分がどんな恵まれた環境にいたとしても、心地よくいられるわけがないわけですよね。自分に嘘をつくことになってしまいますから。

幕内　最初にお会いした当時のほうが、その思いが強かったでしょう？

土橋　私は医学部を卒業した頃から、「誰もやっていないことをやる」ということを一番の目標にしていましたから、これまで意識してこなかった未知の領域が開けてきたという高揚はありましたね。不安もありましたけど、「誰も踏み込んだことのない世界に自分は入っていくんだ」という強い思いがあったというか。

幕内　いや、それはもう勇気のいることだと思いますよ。

「私なんかいっつも悩む」

土橋　私が帯津病院で働くようになった頃、幕内先生は帯津先生と対談本を出されていましたよね。ええと、確か……。

幕内　『癒しの食事学』ですね。

土橋　そうです。ベストセラーになった『粗食のすすめ』のことも知っていましたから、あの人が有名な幕内先生かと思ったのが最初でしたね。実際、医局でお話しするようになったら波長がすごく合って。私は当時は車を使っていたので……。

幕内　外車でしたね（笑）。

土橋　ええ。二人とも大宮方面に帰るので、病院のあった川越の南古谷《みなみふるや》から私が住んでいた大宮まで車で送りながら、その間にいろんな話をしましたね。

幕内　とにかくね、外車でいつも待っていてくれるわけです（笑）。外科医が運転する車に栄養士が乗るというのもなかなか珍しいと思いますが、それが気にならないくらいに、いろいろと思いが爆発したんだと思うんですよ。

土橋　私が幕内先生に感じたのは、要するに「食べ物や栄養の世界でタネ明かしをしている人なんだな」っていうことですよ。『粗食のすすめ』というと、ただ健康のために昔ながらの日本の食事をすすめているだけのようにイメージされるかもしれませんが、本人はすごく骨太で、過激で、手品のタネが見えていた。わかりやすく言えば、表だけでなく裏も見えている人という感じでしょうかね。

幕内　まあ、私たち栄養士は、医者と違って社会的にも経済的にも恵まれているわけじゃないから、べつに飛び出すのにはそこまで躊躇はしないんですね。先生は20年かかったと言いますが、私はすぐでしたから。

土橋　といっても、簡単には飛び出せないでしょう。

幕内　だからね、いまの若い人のなかに、医者でも栄養士でも、何かに気づいて「これでいいんだろうか？」と悩んでいる人はいると思うんですが、そういう人には「悩め」って言うんですね。私なんかいっつも悩む。でも、薄情な人間だから、「それで躊躇してしまうようなら何もやらないほうがいいぞ」って。

土橋　そうですね。一度は強く思い詰めるくらいにならないとね。

幕内　だって、仕事を辞めたって、幼い妹が身を売ってとかね、そんな時代じゃないでしょう？　やめたって何とか食えるんだし、やるかどうかなんですよ。それができないなら、先生が言うマジックの世界で生きたほうが無難だと思います。

土橋　だから、私にすれば管理栄養士とか医者とか関係ないわけです。同じフィールドにいるっていうことが直観的にわかって、それでいろんな話を教えてもらって。当時、身近でそういう人は幕内先生しかいなかったですから。

幕内　帯津病院だからみんながそうだというわけでもない（笑）。

土橋　幕内先生は、確かにあの医局でも特殊な存在でしたね。自分が飛び込んだ世界で最初にそういう人にめぐり会えたというのは、ラッキーだったと思うし、すごく勇気づけられました。「ああ、そうだよな。自分が間違ってたわけじゃないよな」ということを確認させられた、いま思うととても貴重な時間でしたね。

『表の体育　裏の体育』

幕内　先ほど「表だけでなく裏も」って話されていましたが、武術研究家の甲野善紀《こうのよしのり》さんが『表の体育　裏の体育』という本を出されているんです。20年以上前の本なんですが、これが名著でね、すごく興味深いことが書かれてある。

土橋　ほう。裏の体育。

幕内　あの本は、何て言えばいいんだろう、武術や整体のような身体技法を題材にしているんですが、学校で教えている体育、たとえば同じ武道でも柔道や剣道なんかは「表の体育」であると。日本拳法とか合気道とか、有効性があっても表の世界で認知されていないものを「裏の体育」と表現しているんですね。

土橋　わかる気がしますね。

幕内　まぁ、西洋医学を表だとしたら、整体とか鍼灸なんて裏でしょう？　甲野さんは身体を使うことが専門だけれども、そこにとどまらず、食事のことから思想的なことまで扱っている領域が幅広いんです。その人が言っている名言が、「表と裏」。勘のするどい人は、表と裏の違いに気づきはじめていると。

土橋　私たちの話にも一脈通じるものがありますね。

幕内　ただね、そのあとに「気づいて出会って良かったと言い切れないのが、この裏の世界の裏たる所以《ゆえん》である」って言うわけです（笑）。そこが面白いところなんですがね。

土橋　そうですね。裏に気づいちゃったら、現世的には不幸になりますよね（笑）。気づかないほうが、不満があってもそれなりにやっていけますし、その意味で安定感があるんですけれども、それが崩れちゃいますから。

幕内　崩れちゃうでしょうね。

土橋　要するに、タネがある社会に自分も存在していますから、その中にいたらそれはそれで幸福なんでしょうけど、タネがわかっちゃったら、これまで面白いと思っていたことも面白くなくなってしまいますよね。正直に生きようとしたら、何か新しいものを求めていくしかなくなっちゃうんですよ。

有限の世界の考え方

幕内　私なんかもそうなんだけれど、自分はだませないと。女はだませても、自分はだませない（笑）。女性と別れるのもつらいですが、それは時間が忘れさせてくれる。でも、自分はね、ずーっとついてくるから。

土橋　そうですね。世間体とかは関係ないですからね。

幕内　気づいてよかったと言い切れないというのは、先生も本に書かれていますが、生き方そのものを変えなかったらかえって不幸になるということですよね。ただ気づくだけ、問題意識を持つだけではダメ。従来の常識的な生き方、仕事の価値基準を変えないかぎり、ほぼ99パーセント不幸でしょうから。

土橋　問題意識があっても中途半端になってしまって、かえってつらい思いをしている人もたくさんいると思いますよ。

幕内　いますよね。

土橋　わかってるんだけど、っていうようなね。いっそのこと何も知らないほうが思い切り生きられたんでしょうけど。

幕内　先生がおっしゃるマジック。

土橋　マジックですよね。別の言い方をすれば、有限の世界の考え方なんですね。有限だから、枠がハッキリしているわけですよ。これを科学と言うとか、医学的というのはこういうことだという枠組みが先にあって、可能性はその中でしか語られない。

幕内　最初に前提があるわけですね。

土橋　有限の世界というのは無限に広がるこの世界のほんの一部でしかないんですが、ちゃんと形にできますからね、何かわかった気になれるんです。そこにとどまっていると、そのなかで出される答えが普通になってしまう。

幕内　まあ、受験勉強とかね。

土橋　誰かが答えを決めて、それを覚えるというような教育を受けてきたら、人の言うことを信じるしかなくなるわけです。自分でルールを作ろうという意欲なんて湧いてこない。誰かがやったことを覚えて、それを使うわけですよね。

●どうやったらわかってもらえるか、伝えられるか

幕内　先ほど医者の家系に生まれたのに、自分だけ教員になった人の話をしたでしょう。

そういう人はマジックにかかった部分が少なかったのかもしれないですよね。その人は長男なのに親の悩みの種で、でも次男は医者の跡を継いで、そこそこ優秀で……ただ、親の仕事をちゃんと見ていたのは長男のほうだったと思うんですよ。

土橋　だから、医者であることの限界にも気づいたのだと。

幕内　やっぱり、中島みゆきなんですよ（笑）。

土橋　誰かがやったことであっても、覚えたものは自分のものですから、結局、自分のためにしか使わなくなるわけですよ。クリエイティブなところは全然ないですが、でも、それで社会的に十分力が持てるわけでね。

幕内　そうですね。世間ではそっちが評価されやすいですしね。

土橋　無限の世界はそんな利害損得は合わないというか、もっと広い視野を持つようになりますから、自分が感じていることをどうやったらみんなにわかってもらえるか、伝えられるか考えるようになりますよね。逆に有限のなかに居着いてしまうと、そういう広い世界へ出るのが怖くなると思いますが……。

幕内　そうなんでしょうね。怖いんでしょうね。

土橋　独り身だったらまだいいですけれど、家庭があって子どもがあってというふうになればなるほど、マジックが効いてきて、身動きが取れなくなるという。人にはやっぱり安定や自己保存の本能がありますから、そういう不自然さのなかの本能が発達して、作られたものの中でしか生きられなくなるんですよ。

●自在性のある自我

幕内 ある出版社の社長さんから聞いた話ですが、知り合いが遊びに来て、体の調子が悪いって言うので、「あそこがいいぞ」って、ある診療所を紹介したというんですね。まあ、普通だったら名医がいるとか……。

土橋 ええ、そんなところでしょうね。

幕内 じつは答えはそのまったく逆で、その社長さんいわく、「違うんだよ、その先生の前に座ったら、何の病気ですかって聞かれるんだ」って。「だから早いんだよ、薬出すのが」。（笑）。なんだかマジックの世界そのものでしょ。

土橋 それはもう、マジックを充分に活用していますね（笑）。患者さんにしても、そういうマジックにどっぷりと浸かっているから、何の抵抗もないんでしょう。

幕内 そう。お互いに抵抗がない（笑）。利害が一致していると言うべきでしょうね。

土橋 同じ枠の中に存在しているから、それはそれで合うんでしょう。べつに悪いことじゃないと思いますよ。

幕内　ただ、そうなるともう薬局ですよね。そういう先生はちょっと極端ですから、あまりいないと思いますけどね。

土橋　そういう割り切っている先生は、それなりに自分の楽しみとかがあって、ある意味、いまの枠から抜けても自由かもしれないし、また枠の中に入っても平気だろうし、中途半端に悩んでいる人よりいいかもしれませんよ。

幕内　出たり入ったり。まあ、先生もそうですね。

土橋　私も枠の中にいることもありますし、こうして外に出て話をすることもある。自分の人生なんですから悩むだけじゃダメですよ。私は、「自在性のある自我」って呼んでいるんですけれど、表と裏、建前と本音、上手に行き来しながら楽しく生きる術を見つけていくべきでしょうね。

ガンが減って、
うつが増える社会

いまの時代の若者はガンになりにくい

幕内　先生の本の中で興味深かったのは、「これからガンは減るだろう」って書かれているくだりですね。ちょっと意外だったというか、要するに、「いまの時代の若者はガンになりにくい」ということですよね。

土橋　ええ。生きている空間が違うんですよ。いままでの戦後の枠の中で生きていると、ガンになるほうに向かっていくというか、そこはそういう空間なんですね。ガンというのは、簡単に言えば、一生懸命やってきた人がなるわけですから。

幕内　戦後のなかで作られてきた空間が変わって、その時代の制約がなくなり……。

土橋　マジックがほどけてきているんですよ。

幕内　先生が医者になった頃は、「医者」ではなく「お医者様」だったのが、いつの間にか「お」がつかなくなりましたからね。昔の医者はステータスが高かったですが、いまの若者はそういう価値からだんだん遠ざかっている気がします。

土橋　離れてきているというか、抜けてきている。

幕内　うーん、価値の幅が広いんでしょうね。

土橋　何かを絶対視する感じはないですよね。

幕内　それと、いまの若者にはあまり生活感がないんじゃないですか。不況と言っても、飢え死にするような逼迫感まではないでしょうから。

土橋　これまで親は、子供を大学に入れる時、その子が楽に暮らせるようにって考えていたと思うんですね。だから、国家資格のある仕事に就いたほうが安定感があるだろうと考えた。その中の一つに、医者というものがあって。

幕内　要は、食いっぱぐれないと。

土橋　国が作った保険診療に支えられていますから、それだったら食いっぱぐれない、だから偉い、すごいというような感じですよね。世の中も医者をそういうステータスのシンボルとして見るようになって……。医者の存在感が実際以上に大きくなっていったわけですが、それがいま、だんだんバレてきているんですよね。

幕内　そう。バレてきている。

土橋　だから、若い人ほど冷ややかな目で見たりとか、医者の息子でも「俺はあとを継がないよ」みたいな人も出てきたりとか、価値が多様化している。いくら偉くても、閉じ込められた空間の中にいることに窮屈さを感じるんじゃないでしょうかね。だから、親と違う職業を平気で選ぶ人も出てくるわけで……。

幕内　ガンが減るというのも、そういう流れと関係ありそうですね。

土橋　ガンは頑張った人がなる病気だという人がいますが、同じ頑張るということでも、ガンになりやすいのは、やっぱり誰かに指示された人ですよね。自分から動いているんじゃなくて、社会の仕組み、会社の仕組みに忠実というか。

幕内　そのなかで期待されて。

土橋　まあ、期待と言っても、これもマジックですよね。マジックなのにマジックと気づかずに、一生懸命やっちゃった人。

幕内　もっと単純な言い方をすれば、戦後の高度経済成長がガンを作ったと。いや、そこまで単純じゃないけど、そう言える面はあると思いますね。

心の病気になることで、体は守られる

土橋　ガンは戦後の病気ですよ。以前対談した禅の玄侑宗久《げんゆうそうきゅう》先生は、時代の風と呼んでいましたが、明治の頃の結核であったり、その時代特有の病気ってあるんですね。戦後はそれがガンだったと思うんです。

幕内　まあ、頑張って仕事をして、家を買って、車を買って……。それが、いまの若者は生まれた時から家も車もあって、これ以上、何を頑張るのかという。だから、ガンが減る

んじゃないかっていう先生の指摘は、なるほど、言われてみればその通りだと。いいことかどうかは知らないけど、ガンになる原因は減るわけですから。

土橋　高齢化が進むとガンが増えるという指摘もありますが、ストレスのほうがそれ以上に影響があるはずですからね。ストレスに対する向き合い方が変われば、かかる病気の種類も変わってくると思うんですよ。

幕内　だから、逆にうつとかメンタルの病気が増えてくるわけですね。

土橋　意外と見落とされていると思うんですが、メンタルの病気がある人というのは、臓器が守られるんですよ。

幕内　臓器が守られる？

土橋　心の病気になることで、体は守られるんですね。体の病気から心が病むことももちろんあるんですけれど、うつのように心の病気からスタートしたら、人間っていうのはうまくできていて、臓器は守られちゃうんですよね。

幕内　それ、面白いですね。

土橋　私の経験では、整形の病気や心の病があると、臓器のほうは守られる。二重、三重の苦ということはなくて、膝や腰が痛いという人は、だいたいそれだけ。そこで悪くなるのを食い止めているというかね。

●ルールに忠実すぎないか、常識に縛られすぎていないか

幕内　そうやって体を守っている？

土橋　この社会のルールに忠実なほど、臓器のほうに負担がいくわけです。そして、それが行き過ぎたらガンになる。整形の病気、心の病気になることで、そういう方向に追い詰められるのをうまくすり抜けていると思うんですね。だって、痛いところがでたり、つらくなったりしたら忠実ではいられなくなりますから。

幕内　うまくすり抜けようとして、症状が現れていると。

土橋　そうやって無理しないよう、体がストップをかけるんですよ。

幕内　なるほど。一種の防御反応ですね。

土橋　診療所に来る患者さんのなかには、うつのようなメンタルの低下を訴える人もいるので、一応、本人に納得してもらうために採血するわけです。でも、臓器に異常が見られることって、ほとんどないんです。

幕内　体は健康なんですね（笑）。

土橋　膝が痛い、腰が痛いって言っている人も、たまに採血するでしょ。でも、肝臓とか

腎臓はしっかりしている。だから、あちこち痛いって言っている人のほうが長生きなんですよ。臓器が悪くなったら死んじゃいますから。

幕内　それがガンだったり。

土橋　ええ。ガンはほとんどは臓器の病気ですから、意識のほうはクリアなんですよ。でも、そういう人はマジックのなかで生きていますから、そこから意識が抜け出せないかぎり停滞してしまう。先には進めないと思いますね。

幕内　患部を取り除いても再発するかもしれないと。

土橋　治療には限界があるんですよ。その点、心とか整形的な病気というのは、救済措置というか、もっと前の段階で体がメッセージを発している。ルールに忠実すぎないか、常識に縛られすぎていないかとね。

●「意識がまともな人が危ないんですよ」

幕内　高校時代の友人が市役所に勤めているんですが、まあ、運がいいのか悪いのか、ずっと火葬場に配属されていましてね。彼は六大学を出ているから出世して、最後には火葬場の所長になっちゃったんです（笑）。

土橋　ああ。それも公務員の仕事なんですね。

幕内　で、ほかになり手がいないので、定年になってもまだ嘱託かなんかで残っているんですが、その人と話しているとやっぱり言っていますね。「ボケちゃって、同じことばっかり言っていたような人のほうが骨はしっかりしてる」って。「○○さんはボケてたけどね、骨を壺に入れる時、ボキボキ音がしちゃって」とか。だから、いまの先生のお話は経験的に理解できる気がします。

土橋　体の燃え方も、きっと違うんですね。

幕内　一番のエビデンス（証拠、根拠）じゃないけど、骨がどれだけ残ったのか、何度で燃えたのかとか、続けていけばわかりますからね。

土橋　「精神科病棟ではガンは発生しない」って、よく言いますね。私はあまり詳しくはないですが、実際にそういうことはあるのかも知れないですよね。

幕内　確かにかなり少ないと思いますね。

土橋　要するに、意識がまともな人が危ないんですよ。マジックをマジックと気づかない人と言いますか……。言うのは簡単なんですが、「なるほどそうなのか」と気づけるのは、なかなか難しいんですね。

幕内　まあ、どの時代もそれなりにあるんでしょう。

土橋　ただ、いまの若い人たちは、そういう影響が少ないというか、解放されつつあるのかもしれません。だから私は、この先、いままでとはまったく違う世の中が作られていくんじゃないかなと思うんですね。

幕内　大きなマジックがほどけつつあるわけですね。

土橋　生活様式が変わり、そこで生きている人の意識も変わるわけですから、病気の種類にしても変わってくると思うんです。

幕内　意識と臓器の関係というか。

土橋　そうですね。うつ的な意識というのは、臓器にあんまり関係しないと。だから、逆に言うと意識がクリアな人が問題なんですね。この社会でうつにもならず、タネ明かしもわかっていない人たちが危ないんです。

「未来が見えないから、うつになっちゃう」

幕内　ただ、あまりうつが続くようだと、これはこれで問題でしょ。先生が和歌山から来られた時みたいなエネルギッシュな力は出せないですよね。

土橋　病気というのはどの時代にも満遍なく存在しているものではなく、時代が変わる時に新しいものが発生する、そういうところがあると思うんですね。敏感な人というのは、それをなんとなく直観的に感じるわけです。で、何だかわからないけど会社に行く気がしないとか、人と会うのが嫌だとか……。

幕内 やる気が出ないのも、一概に悪いこととは言えないと。

土橋 ええ。そういう人たちは、時代が壊れていくのを直観的に感じているんじゃないですかね。ただ、壊れていくのは感じるけれど、代わりになるもの、新しいものの提案がないから、未来が見えないから、うつになっちゃう。

幕内 なるほど。新しい提案がない……。

土橋 本当のうつかどうかわからないですけど、うつ状態とかうつもどき。

幕内 これって、医者にならずに他の仕事に就く人の話にもつながってきそうですね。うつだったかはわかりませんが、たとえば渡辺淳一のような人は、若い頃に先生が言ったようなことを無意識に感じていた。自分が抱えているものの限界を破るには医者ではダメで、結局、作家になるしかなかったんでしょうね。

「燃えるようにやっていたが、幸せではなかった」

土橋　医者というのは臓器という目に見えるものを扱いますよね。それを扱う時には、扱うためのあるルールのなかに自分が入っていかなくちゃいけないんですね。誰かが決めたルールの中に……。そこに収まらない人は、自分でそういう世界を作っていくしかない。まあ、文学っていうのは、格好の場ですよね。

幕内　ええ。才能があればね。

土橋　手塚治虫なんかもそういう感じだったんじゃないですかね。

幕内　あの人も医学部を出ていますよね。外科でしたっけ？

土橋　いや、臨床はやってなかったと思いますよ。確か医学生の時からマンガのほうへ行ったんだと思いますけど。

幕内　川端康成は、幼い頃に医者だったお父さんが亡くなって、身内も次々亡くなってね、生い立ちは結構かわいそうなんですね。才能という以前に、何かに気づかざるをえないような境遇だったんでしょうね。

土橋　それで文学の世界に向かったと。

幕内　医者ということに限らずに言えば、宮沢賢治だって、太宰治だって、あの貧しい時代にかなり裕福な家に生まれて、普通の子どもとはまったく違う境遇だった。人から見ればうらやましい、だけど普通じゃない。

土橋 そうですね。普通じゃないところに原点があったんでしょうね。

幕内 人はただ作品を見て天才だ、すごいって思うわけですが、そこにはそうならざるをえないものがあったわけでね。生い立ちとか、生きてきた背景とか、見えない部分にとんでもないきっかけがあったというかね。

土橋 医学の話で言うと、学べば学ぶほどにどんどん有限の世界、物質的な世界に入っていくわけです。それよりももっと広い世界を感じている人にとっては、そこにどうしても違和感を感じてしまうんでしょうね。

幕内 手塚治虫や川端康成は、それで医者にはならなかった。

土橋 私の場合、体験しないとわからなかったわけですけど、外科の世界にいた時も、これがすべてだと思ってやってはいないんですね。言葉にはできていなかったですけど、どっぷり浸かっている感じでもなかった。

幕内 どういう気持ちだったんですか？

土橋 とりあえずやって結果を出さないと、目の前のことに勝負をつけないと認められないし、何も言えないところがあったので、とにかくこの分野のトップになろうと、とこととんやっていた感じですね。まあ、いま思うと、その次のステップに向かうためにとことんやっちゃっていたということかもしれません。

幕内　その時は意識していなくても。

土橋　燃えるようにやっていましたが、幸せではなかったんでしょう。その世界に満足できなかったという感じが、どこかにあったんですね。

幕内　でも、20年もいたら普通は抜け出せられませんよ。

土橋　保険診療というのはある程度やることが決まっていて、その枠からは離れられない。自分で勝手に治療やっちゃいけないわけですから、じつは非常に不自由な環境にいるわけなんです。いくら親が医者であっても、そんなふうに縛られてまで医者になりたいとは思わない、そんな感性の人もいるでしょうね。

幕内　医者をやっていても、そういうはみ出た感じの人のほうが話をしていて面白いし、話す内容も深いですよね。

患者さんは薬をもらいに来る

土橋　もう一つ、学生の時は医療を通じて社会貢献をしたいっていう気持ちが少なからずあると思うんですけど、医者になるとだんだんそれも薄れていって、実際のところ、患者さんのこともあまり考えなくなる。

幕内　いや、そもそも迷惑でしょう、病院に一人だけそんな医者がいたら。理念としてはわかるんだけど、患者さんに対し一人の人として接してたら、診察に何時間かかるのかっていう話になっちゃうしね。

土橋　それだったら検査しろっていう話になるんですよ。その人にどんな影響を与えたかっていう、患者さん自身の満足度じゃなく、治療とか検査とか、やった処置の評価が保険の点数になり、お金になっていくわけですから。お金のことも含め、私たちはすべてこのマジックの中にいるわけなんですよね。

幕内　さっき患者さんに「何の病気ですか?」って聞いている医者の話をしましたけれど、いま考えると、こうしたマジックに気づいていて、そのなかでいちばん合理的なやり方を実行しているのかもしれませんね（笑）。

土橋　治療の微妙なさじ加減とか、そういうものには興味なくて、システムだけ利用するというね。短時間でやったら自分も楽だし。

幕内　そうですね、自分の人生をエンジョイできますからね。

土橋　いまのような医療の仕組みのなかでは、患者さんが診療所に何をしに来るかというと、薬をもらいに来るわけです。だとしたら、待ち時間もなく、自分が欲しいものがもらえたら、そこはいいんだってなるわけですよね（笑）。

幕内　酒を減らせとか、タバコをやめろとか言われるより。

土橋　あれやめろ、これやめろみたいなことを言われたら、行きたくなくなっちゃって、簡単にやってくれるところがいいってなるんでしょう。

幕内　なんだか身もふたもない話になってきましたね（笑）。

●虚数の世界のほうがずっと大きい

土橋　数学で、実数に対して虚数という概念がありますよね。虚数と言ってもいったい何だろうと思うわけですが、虚数は「イマジナリー・ナンバー」（imaginary number）の訳ですから、虚構の「虚」ではないんですよ。

幕内　ほう。面白いですね。

土橋　私の解釈では、目の前の事実、現象の本質はイマジナリーな世界にあって、それは意味の世界、関係の世界、もっと言えば、生命の世界だと思うんです。こうした虚の部分が実の部分を支えているわけで……。

幕内　だとすると、訳し方に問題があったかもしれませんね。

土橋　実際、高等数学は虚数を使わなければ解けないと言われていますから、虚の意味もわかっている人はわかっているんですよ。虚数は虚ではなく、根元的な世界をいうと思うんです。私の思考の基本がここにあります。

幕内　先生の言葉を借りるならば、医学の世界、科学の世界は、虚の部分を排除して、実の部分だけを見ようとしている。

土橋　数学のようにそれがなければ成り立たない領域もありますが、基本は数値やデータという実の世界ですからね。

幕内　栄養学で言えば、成分とかカロリーとかね。

土橋　法律などもそうです。

幕内　必要なものではありますが、あまりうるさすぎると窮屈ですよね。

土橋　そうした実数の世界ばかり見ていると、虚の世界がどんどんわからなくなる。ひどく曖昧に思えたり、逆に物足りなく思ってしまったりね。でも、私たちは見える世界と見えない世界の総和のなかに住んでいるわけですから、虚数の存在がわからなければ解決しないもの、解けないものも当然あるわけです。

幕内　文学や芸術の世界がそうでしょう。

土橋　ええ。ガンの治療でも、ガンという物質だけ、実の部分だけを見ていても治癒できないのが、意識とか心とか、見えない部分の要素を取り入れていくことによって経過が変わってくるということがあるわけです。

幕内　いろいろと話がつながってきましたね。

土橋　虚数の世界のほうがずっと大きいのですから、そこに目を向けないと本質は見えてこないと思いますよね。実数がすべてじゃないと気づくだけでも、生き方や考え方の奥行きは広がるでしょう。いま、そういう感覚の人が増えてきていますから、これから医療のあり方も徐々に変わっていくと思いますね。

チョコレートと乳ガンの切ない関係

なぜ乳ガンになる女性が増えているか？

幕内　先生とお会いしてから、雑談めいた話はよくしていましたけど、こんなに正面切って話をするのは初めてかもしれません。

土橋　ええ。見ている方向が同じという感覚はありましたけど、真面目にお互いの経験を話し合ったということはなかったですよね。

幕内　まあ、いろいろなことをうすうす感じていたとは思いますが……。

土橋　乳ガンと食事の関係について教えてもらったことを講演会で使ったり、本のなかで引用したことはありますよ。「なぜ乳ガンになる女性が増えているか？」ということについては、私と見方が一緒ですよね。

幕内　何年か前に『夜中にチョコレートを食べる女性たち』っていう本を出したんですが、これは、まずストレスの問題があって食事はその結果なんだということを書いた最初の本です。日本人は、ストレス解消の手段が飲み食いに偏っているんですね。

土橋　幕内先生と言うと、食事の話をする人だと思われますが……。

幕内　食生活がガンの引き金になりうるというのはその通りですが、根本はそうではなくて、あくまで心の問題、生き方の問題だと思っています。

土橋 それが大前提で、食事のことを書いている？

幕内 要するに、何がいい悪いっていう以前に、女性の生き方が息苦しくなっているという現実があるわけですよ。女性の社会進出が当たり前になっていますが、それに対応する社会になっているか？ 女性の身体を考えた世の中になっているか？

土橋 まあ、そうとは言えませんね。

幕内 働く準備が整っていない社会のなかで、頑張りすぎている女性が増えている。その息苦しさを解消するために、夜中にコンビニに寄って、チョコレートを買って……。

土橋 ああ、チョコレートに助けてもらっているわけですね。

幕内 女性の場合、スイーツを精神安定剤代わりにする人が多いんですよ。別にチョコレートに限りません。百年前の本ですが、すでにドイツの経済学者が「女性の社会進出は砂糖の消費を増やす」と書いています。

土橋 なるほど。淋しい女性がチョコレートに抱かれて寝るみたいな感じなんですね（笑）。

幕内 まあ、私がビールを飲むのと同じですよ（笑）。

油脂、乳製品、砂糖に囲まれた食事

土橋　要は、忘れたいものがあるということなんでしょう。そこが一番の問題であって、何かを忘れるために食というものがあると。

幕内　食事指導して変わる人もいれば、変わらない人もいるわけですが、先生がおっしゃるように、大事なのは生き方が変わるかどうか。私の仕事では、そのつながりが捉えにくいというか、現実の問題に落とし込みにくいところがあるんです。

土橋　生き方を変えると言っても、にわかにどうこうならないところもありますからね。

幕内　腐ったものでも食べない限り、食事と健康の因果関係なんてハッキリしないし、エビデンスが出せるものものもほとんどない。私に言わせれば、科学でわかるんだったら、こんな仕事やめてるわって思うわけですよ（笑）。

土橋　乳ガンの患者さんに多いのは、パンとスイーツって言われますね？

幕内　いや、その前にまず、酒とタバコをたしなまない人が圧倒的に多いわけです。だからっていうわけじゃないけれど、ほぼ9割がスイーツによってストレスを解消している。男だったらほかに酒・タバコ、あるいはギャンブル、ゴルフ、釣りなどいろいろありますけど、乳ガンの女性が頼っているのはだいたい甘いもの。最近は女性も幅が広くなっていますが、ここはすごく共通していますね。

土橋　女性の場合ははけ口が少ないわけですね。

幕内　その甘い物にしても、昔は和菓子だったけど、だんだん洋菓子が多くなり、さらに言えば、パン・パスタ・ピザっていうカタカナ食が主食、これに洋菓子とスイーツが加わる。それがたまにじゃなくて年中なんですよ。

土橋　なるほど。乳ガンという病気の背後にあるものを探っていくと、油脂、乳製品、砂糖に囲まれた食事が浮かんでくるんですね。

幕内　生まれた時から、朝はパン、昼はパスタ、おやつにケーキ。こういう食事をする人たちがもう30代中盤くらいになってきているわけです。で、データで見ると、この世代に乳ガンが増えている。20～30年くらい前から、「乳ガンの大激増時代はこれからだ」と言ってたんですが、その通りになっていますね。

土橋　先生は、糖類を複合糖質と精製糖質に分けて話されていますよね。ストレス解消については、やっぱり精製糖質のほうが解消しやすいんですかね？

幕内　糖質、炭水化物と呼ばれるものは、大きく二つに分けて考えたほうがいいと思っているんです。一つは、米や小麦粉、サツマイモなどに含まれる糖質。それらの食品には糖質以外にも、食物繊維、ビタミン、ミネラルなどさまざまな栄養素が含まれているので、

「複合糖質」と呼ばれています。

土橋　普通に食事をして摂れる糖質ですね。

幕内　ええ。もう一つが、トウモロコシなどのでんぷんから作られる「異性化糖」で、これらはほぼ100パーセント糖質で構成され、他の栄養素はほとんど含まれていません。それを「精製糖質」と呼んでいるのです。

土橋　要するにこっちが問題なんですね。

幕内　精製糖質は麻薬のようなものですからね。精製度が高まると依存が強烈になるという点では、まさに麻薬と一緒ですよ。だって、ごはんや焼き芋も美味しいですが、それらを食べてうっとりしている人はめったにいないでしょう？　それに対し、精製糖質が豊富に含まれているチョコレートやケーキ、アイスクリームは、食べると「幸せだ」という女性はたくさんいますよね。

●食事そのもので変わるわけでない

土橋　スイーツということで言えば、白砂糖などの精製糖質だけでなく、油脂類やショートニングなど、先生がおっしゃる精製脂質も多く含まれていますね。

幕内　その通りですね。洋菓子の場合、精製糖質と精製脂質がダブルになっているから怖いんですよ。もちろん、麻薬のようにハードではないので、私は「マイルドドラッグ」と呼んでいるわけですが……。

土橋　ただ、甘いものへの依存が問題だからといって、じゃあ食事を変えたらガンが治るのかというとそこまで単純じゃないでしょう。やっぱりストレスと言うか、自分のなかで忘れたいと思っていたものが何かの拍子になくなった時、気にならなくなった時、結果として、体に変化が及ぶことがある。

幕内　そうですね。そのきっかけが食事かもしれないわけでね。

土橋　ええ。実際に変化した人はいますから、それを称して「食事を変えたらガンが治った」という言い方になると思うんですね。

幕内　結局、意識なんですよ。その比重が一般に思われている以上に大きい。

土橋　大きいですね。要は物質じゃないんです。食事そのもので変わるわけではない。変わる人は違うことでも変わりますから。

幕内　私自身の原体験で言えば、20歳の頃に友人が白血病かなにかで亡くなったんですが、その友人のお父さんの髪の毛が一晩で真っ白になったんですよ。

土橋　そういうことって実際にあるんですね。

幕内　本当にショックでしたね。だって、食べすぎても飲みすぎても、そこまですごいことにはならないでしょう？　逆に、ある企業の会長さんが危ないっていう噂を聞いていたのに、いつになっても葬儀の通知が来ない。変だなぁと思ってテレビを見ていたら、その会社が倒産していて、その人が陣頭指揮を取ってるわけです。

土橋　その人の場合は、死ねなくなっちゃったんですね（笑）。

幕内　そう。大変で死ぬどころじゃないと。先生がおっしゃる通り、こうした精神面の話は数量化できないし、噂話のたぐいも多い。エビデンスなんて出しようがないわけですが、本質を突いていると思うことも結構ある。

土橋　エビデンス信仰のようなものがありますが、そこから排除されてきたもののなかに真実が埋もれていることは、実際多いと思うんですね。

自己診断、自己治癒

幕内　こういう話をするとズレちゃうかもしれないけど、「食事でガンが治る」と言うと、たいていの場合、西洋医学に見切りをつけているというか、すべて否定しているようなところが多いじゃないですか。

土橋　救急医療くらいは認めるけれど、臓器の病気に対しては意味がない。ガンになっても手術なんか受けないほうがいい、抗ガン剤はやめたほうがいいと。

幕内　私はどちらかというと、そちら側の世界に属していたと言うかね、実際、食事を重視している医療機関というのは、だいたい反西洋医学なわけですよ。だから、私もそういう主張をしていると思われているところがある。

土橋　わかりますよ。私も外科から離れ、帯津病院で勤務していた時期もありましたし、その後に『ガンをつくる心　治す心』という本を出しました。だから、何となくそういう反西洋医学的なものを志向していると思っている人も多いんじゃないですかね。本当はかなりニュアンスが違うんですけどね。

幕内　ただ、誤解している人も多いけれども、帯津病院は統合医療、ホリスティック医療の総本山といっても、実際の診療は西洋医学が中心なんですよね。

土橋　そうですね。一般診療、保険診療が土台にあって、そのうえで希望する人に代替療法をすすめている感じですね。

幕内　必ずしも反西洋医学というわけではない。逆に反西洋医学的なところというのは、健康食品と一緒ですよね。自己診断、自己治癒っていうのが多い。これを飲んだらガンが治ったと。それはいつどこでガンって診断されたの？　いや、ガンに違いないとかね(笑)。

信じられない話がたくさんあるんですよ。

土橋　なるほど、自己診断、自己治癒ですか。

幕内　要するに、裏の世界っていうかね、あまりにも恥ずかしいような世界。私はそこに二十何年もいたからわかるんですけど。

土橋　いや、そもそも医者は食事で治っちゃ困るんですよ。食生活で病気を治すっていうのは、保険診療のシステムに組み込めないですから。実際、栄養学を勉強している医者なんてあまりいないですしね。

●「西洋医学の大悲観、民間療法の大楽観」

幕内　もっともね、医者からそういう要望を受けても、対応できる栄養士なんてほとんどいないのも事実でね。臨床の機会もほとんど与えられていませんから、実践的なことは何も勉強していないに等しいんです。

土橋　やっぱり、物質から少し離れないといけないと思うんですね。栄養学でも、まず成分というものが重要視されますよね。テレビを見ていても、このサプリメントにはこういう成分がこれだけ入っていますみたいな話が多いでしょう？

幕内　本当に馬鹿げた話でね。私の実感では、そういう成分、物質だけではまずいって気づいている人の割合は、医者よりはるかに低いと思いますよ。

土橋　まあ、栄養士さんは栄養士さんで、まず食べていこうということが第一でしょうからね。幕内先生のような、この世界の表と裏を見て、本当はこうなんだって考えるよりも、国家資格ですから、国の定めたものに準じた仕事で食べていこうっていうことですから、変わってもらっては困るわけです。

幕内　ただ面白いなと思ったのは、群馬の小笠原一夫先生でしたかね、在宅医療で末期のガン患者さんを診ている、とてもいい先生なんですが、何かのシンポジウムでご一緒した時、「いまのガン医療は、西洋医学の大悲観、民間療法の大楽観だ」っておっしゃるんです。この着想はすごいなって思いましたね。

土橋　大悲観、大楽観……。

幕内　たとえば、ガンが治ると謳っているような健康食品って山ほどあるじゃないですか。そのなかには明らかに怪しいものもあるわけですが、西洋医学があまりに大悲観なんでね、そういう大楽観が埋め合わせしていると。

土橋　なるほど。一種のバランス作用なんですね。

幕内　西洋医学というのは、病気にかかったら悲観するしかない、夢や希望がないですから。だったら、「これで治る」っていうものに、たとえインチキであったとしても賭けてみようと。それもわかると思うんですね。インチキな治療法、健康食品が増えるというのは、西洋医学の無力さの裏返しというかね。

土橋　ちゃんと治せていたら、そこに希望が生まれるわけですからね。

幕内　結果が出ないから、ヘンなものにも手を伸ばす人が出てくるわけですよ。「これを飲んだらガンが治る」なんて、普通だったらひっかかるわけないものにも、ついすがってしまうという……。ですから、西洋医学の人は、そういうものを批判する前に自分たちのやり方に限界があることをきちっと言わないとね。

土橋　そうですね。確かに限界があるんですよ。西洋医学だけでなく、代替療法にも、もちろん健康食品にも……。だから、私は言っているんです、「そのどれでもない、まったく新しい視点がこれからの医療には必要なんだ」と。

●ただ癒されるのでも、ただ治そうとするのでもなく

幕内　その新しい視点というのは……。

土橋　西洋医学は大悲観だとおっしゃいましたが、それは癒しがないからだと思うんです

ね。治癒という言葉は、「治す」と「癒す」と書きますね。西洋医学で追究しているのは、このうちの「治す」ことだけですよね。

幕内　しかも、満足に治せているわけでもないと。

土橋　ええ。代替療法、民間療法に頼ろうとする人が出てくるのは、エビデンスがしっかりしていようがいまいが、そこに「癒す」要素があるからですよ。統合医療というのは、西洋医学にない癒しの要素があるところに特徴があるんです。

幕内　治すというより癒すことに力点が置かれているというか。

土橋　代替療法に一生懸命取り組んでいる医者も患者さんも、ガンを治すんだと思ってるかもしれないけれど、本質は癒しだと思うんですね。

幕内　治るかどうかで比較するのは、本質からズレているということですかね。先生は、どちらでもないとおっしゃっていますが……。

土橋　だから、どちらも超えたものが、人の意識のなかにあると思うんです。ただ癒されるのでも、治そうとするのでもなく、本人の意識が変わることによって枠が取り払われ、新しい空気が入ってくるといいますか……。

幕内　本人の中身が変わることが大事ということですね。

土橋　ええ。治す要素も癒す要素ももちろん必要ですが、病気に意味と価値を見出すのであれば、ただ「治ってよかった」ということにはならないでしょう？　病気によって生き方や考え方が変わる。新しい人間になって、次へ進んでいくんです。

医者の言葉で病気になる

幕内　先生の話で思ったのは、やはり芸術と病気の関わりですね。たとえば、私たちはいまでも百年前の小説を素晴らしいと思い、それこそ人生観が変わるような衝撃を受けたりしますが、先ほど話したように、その多くは結核が関わっているんですよね。いつも死が身近にある境遇のなかで、素晴らしい作品が生まれたわけです。

土橋　結核であることに意味と価値を見出したわけですよね。

幕内　意味と価値と言っても、綺麗ごとじゃなしにね。

土橋　だって、こうしていまも残っているわけですから、それは彼らが病気に治癒以上の価値を見出した証しだと思いますよ。

幕内　まあ、結核文学ですよね。いま、ガン文学が登場しているって言う人がいますが、その生き方にどのくらい価値が与えられるか。

土橋　意味と価値を見出すことが、その人の生きる力になるんですよ。それが病気を治す力につながるかもしれません。西洋医学でも代替療法でも、ある意味、どちらでもいいんじゃないですかね。それまでの生きてきた歴史のなかで選ぶものはある程度決まってきますから、どちらが正しいと言い合うのも虚しいと思うんですね。

幕内 たとえば、ガンになった人に食事の内容を書いてもらうと、最初の3日間は滅茶苦茶食欲が落ちている人が多いんですが、その原因の9割は医者の言葉だと思うんです。だって、ガンにはその時になったわけじゃないですから。

土橋 ガンになって食欲が落ちたのではなく、医者の言葉にショックを受けて食欲が落ちた。そうでないと話が合いませんね。

幕内 診断されて、余命何ヶ月とか言われて、それで食欲がガクッと落ちるわけです。余命3カ月で「うなぎ食べに行くか!」っていう人はいないですから(笑)、これはもう大悲観そのものですよ。こうした配慮のない悲観でどれほど苦しめられている人が多いか、食事を見ていくだけでわかるんですよ。

土橋 心や意識の力がいかに大きいかということですね。

幕内 まさに言葉による衰弱。ショックで食べられないんだから、衰弱するのは当たり前ですよ。よく平気で言うなあと思うんですけどね。

土橋 そういう時は、世界を変えてあげないといけないんですよ。西洋医学は患者さんをなかなか悲観の外に出せないわけですけど、そこに癒しの部分が加われればね、もっと枠の外に出してあげられると思うんですね。

●病気を通じてマジックに気づけるかどうか

幕内　ただ治そうとばかり意識していても、枠の中にいる点では変わらないですね。

土橋　私がいま思っているのは、患者さんが病気を通じてマジックに気づけるかどうかだと思うんです。自分を縛っていたマジックに気づいたら枠が取れちゃいますから、そうなるともう違う力が出てくると思うんですよ。

幕内　そうですね。ガンという病気はつねに死がちらつきますから、ある種チャンスというか、生き方を見直す好機だと思いますが、それができる人とできない人がいますよね。それまでどう生きてきたのかが、残念ながら出ちゃうという。

土橋　ええ。それまでの生活史が問われてくるんですよ。

幕内　もがき、のたうち回っちゃう人、ただ、ドクター・ショッピングして苦しむだけの人と、結果的に生き方を転換できる人と。

土橋　ドクター・ショッピングする人というのは、マジックの中でしか物事を考えられない人なんですね。そうした人は、治りたいという思いが頭から離れない。でも、治りたいという信念が治癒につながるわけでは必ずしもないんですよ。

幕内　治る人はどこか達観しているところがありますよね。

土橋　ガンになっても悪化せず、ほとんど進行しない人がいるわけですけれど、その人たちは何かの拍子に治りたいという感覚を超えちゃうんですね。だから、あまり無駄口をたたかないっていうか、自分のなかで整理がついて、どこか開き直っている感じがある。実際、そういう人のほうが良くなっていくんです。

幕内　難しいと感じる人が多いでしょうけど、そこが一番大事なところですね。

土橋　末期ガンがなぜか治ってしまった不思議な症例に、私は何度か出くわしているんですが、そうした人はどこか似た経過をたどるんですね。死と対峙することによって、それまで自分を守ってきた枠が取れちゃうんですよ。

幕内　そういう不思議な症例は確かに聞きますね。

土橋　先ほど乳ガンの話が出ましたが、幕内先生も乳ガンの患者さんの食事指導をずいぶんされていますよね？

幕内　ええ。一般にガンと食生活の関わりについては、胃ガンや大腸ガンなど消化器系のガンに対する指摘や研究が多いですが、私は婦人科系のガン、とりわけ乳ガンほど影響が大きいものはないと思っています。

土橋　その話を聞いた時も、これは食べ物の成分の話ではないんだなと直観的に思ったんですね。パンとか砂糖とかミルクのなかに発ガン物質が含まれているという理解のしかたじゃなく、やっぱり問題はライフスタイルだろうと。

幕内　私が最初に指摘していたのは、高脂肪というあくまで物質だったんです。要するに、朝はパンにヨーグルトなのでブルガリア人、昼はパスタなのでイタリア人、3時のおやつはチョコレートでベルギー人、夜になってご飯を食べるので、やっと日本人か中国人のような食事の人が多いと思いますが……。

土橋　ははは。面白いですね。

幕内　その頃は、なぜそうなるのかという部分までは、なかなか目が向かなかった。人がタバコを吸い、アルコールを飲むのと一緒で、アルコールやタバコの摂りすぎがよくないのはその通りですが、なぜそうしたものが必要となるのか？　そのあたりはうすうす感じてはいたんですが、やはり物質的なことしか見ていなかったですね。

仕事が病気を作っている

土橋　朝はブルガリア人、昼はイタリア人というのは、その時に口にしている乳製品とか甘いものより、その人の日常そのものが浮かんでくると思うんですね。

幕内　ええ。何を食べるかということには、その人の精神状態や生き方、ストレスなどの結果が確かに反映されている気がします。そこを考えないと本質は見えてこないのではないかと、だんだん考えるようになってきました。

土橋　たとえば、食べる時間について考えると、ご飯と味噌汁であればあんまり変わらない。でも、ラーメンとかパスタになるとお昼時から2～3時間ずらしても食べられるでしょう。これって、仕事でやむを得なくそうなってしまったとか、いろいろな背景があるわけですよね。

幕内　あくまでも背後にあるものですよね。

土橋　基本的には、食事がどうこうと言うよりも、仕事が病気を作っていくっていうふうに捉えたほうがいいと思うんです。他のガンに関しても、たとえば仕事をやらされているような状況、家庭のなかにも家庭の仕事がありますが、家事や介護なんかを意に添わぬままそれをやっているような状況……そういう積み重ねの中で人は病気になっていくんだなと、徐々に気づいていくわけですね。

幕内　女性の生き方とか、社会進出とか、先生のおっしゃる仕事の問題が根底にあるのはわかりますが、一方で、高脂肪の食事が乳ガンを増やしたという事実もあると思いますから、どっちもどっちとも言えますね。

土橋 私のなかでは、先生に教えていただいた食事の部分と私の仮説が、矛盾せずにうまくつながっているようなイメージなんです。

幕内 まあ、食事も生き方も分けようがないですからね。

土橋 乳ガンになる女性は、そうした食事を命が求めてしまっている気がするんですね。

幕内 中年のおじさんの新橋の居酒屋と、女性のスイーツが同じ役割。

土橋 だから、それは必要なもので、先生流に言うと、麻薬の一種ということになるんだと思いますが、麻薬でつらさを緩和させているわけですね。我々医者も症状緩和のために麻薬を使いますが、それを精製した食品で代用しているという。

なぜピストルを持っていたのか？

幕内 だから、単純に食事だけ、臓器だけを見ている医者は、そのマイナス面しか言わない。それはそうですよ、確かに麻薬なんですから。

土橋 飲み過ぎに気をつけなさいとかね（笑）。

幕内　ただ、人間全体を考えると、必ずしもマイナスだとは言いきれないところに難しさがある。それはもう、心とか生き方とかを除いて考えれば、全部やめたほうがいいに決まっていますよ。赤ちゃんはタバコを吸わないし、ビールも飲まないんだから。

土橋　甘いものもアルコールも、この世を生きていくために必要なものだと思うんです。私たちが暮らしているのは、問題の多い不完全な社会ですよね。ここを生き抜くためには、悪いものも必要な面があるわけでね。

幕内　同感です。ただ、それはあくまでも大人の話だと思うんですよ。でもいまは、幼児期からスイーツが毎日でも食べられるようになっているでしょう？　そのような世代の女性が成人してきているわけです。その問題は大きいと思いますし、そうした状況が変わらない限り、乳ガンは減らないと思いますね。

土橋　そうですね、だから、引き金は高脂肪の食生活であったりすると思うんですが、引き金をひく前にすでに準備はできているわけですよね。

幕内　私流に言うと、そもそもピストルをなぜ持ってたんだと。ピストルを持ってなきゃ、引き金を引きようがないじゃないかと。そういう関係かなと思いますね。

土橋　そのピストルは何かと言うと……。

幕内　ええ、生き方とか心の問題ということなんでしょうね。

土橋　甘いものを過剰に食べずにはいられない、その人の生き方ということですね。そうした人は癒しを求めているのに、医者はそれに対処できない。チョコレートが医者の代わりになっているのかもしれませんね。

数値やデータの向こうにあるもの

「食事で病気が治せるわけがない」

土橋　ところで、『粗食のすすめ』があれだけヒットする予感ってあったんですか？

幕内　全然ないですよ。事の経緯をお話しすると、『体によい食事　ダメな食事』っていう本を、今から20年くらい前に小さな出版社から出したんですが、まずそれが売れたんですよ。まあ、売れたと言ってもたかが知れているんですけれど、この本で私を知った別の出版社が『粗食のすすめ』を出してくれたんです。

土橋　そこで火がついたんですね。

幕内　いや、ベストセラーになったのは、じつは『粗食のすすめ』のレシピ集のほうなんです。確かにこれが、自分の人生を変えるほど売れちゃったんですね。いま、シリーズトータルで１７０万部くらいになっていると思います。大手の新聞がすべて書評で取り上げ、流行語大賞に取り上げられるって話もあったほどですから。

土橋　確かタイトルには反対したんですよね。

幕内　ええ。「そしょく」というなら「素食」だろうと。私にとって、素材の素、素朴の素が一番ぴったりくる言葉なんですね。

土橋　でも、出版社は「粗食」でと。

幕内　結果としてそれで売れたわけですから、彼らのほうが幅が広いんですね。著者は思い込みだけでタイトルをつけたがりますから（笑）。

土橋　そう言えば、当時、電車の中吊りで見た気がするなあ。

幕内　ああ、「週刊文春」に『粗食のすすめ』の著者のゴージャスな生活」とか書かれたんです（笑）。実際はそこまでゴージャスだったわけじゃないんで、嫌だなあと思いましたが、いまになったらいい思い出かもしれないですね。

土橋　ははは。メジャーな証明でしょう（笑）。

幕内　ひとつ嬉しかったのは、伝統食の大切さを訴えてきた先生方が喜んでくださったことかなあ。こういう人はほとんどが医者で、私と同じ視点で食の問題を指摘してきたのですが、同業の医師などから冷ややかに見られていた先生も多かったですからね。

土橋　反発を受けたこともあったんでしょう。

幕内　要は、何言ってるんだと、仲間の医者たちからね。本が売れたことで自分たちの主張が世間に認められたというわけじゃないですが、よくぞやってくれたっていう、高齢のドクターからの手紙を何通ももらいましたよ。

土橋　医者が食事のことを書くというのは、あまりなかったですからね。食事で病気が治せるわけがないというのが、いまも多くの医者の本音なんですよ。

「川を渡ると戻れなくなる」

幕内　それにしても、「なぜ売れたんでしょう？」っていう質問を散々されましたけど、何とも言いようがなくて……。たまたま凧を上げたら風が吹いてきた。でも、風は私が起こしたわけじゃないですからね。

土橋　きっと時代の風みたいなものがあったんでしょうね。

幕内　それと関係があるかわかりませんが、食の本で最大のベストセラーと言えば、村井弦斎という明治時代の人が書いた『食道楽《くいどうらく》』という本で、それは春・夏・秋・冬と４つに分かれていたんです。で、『粗食のすすめ』のレシピ集も同じように春・夏・秋・冬と刊行されたんですが、ある新聞記者が「『食道楽』からちょうど百年後に『粗食のすすめ』というのは偶然だとは思えない」って記事を書いてくれて、それが嬉しかったですね。

土橋　偶然ではないと思いますよ。たまたま風が吹いたんじゃなくて、幕内先生の感性と時代がピッタリ合ったということでしょうから。

幕内　いわゆる伝統食派の人たちは、現代人の食生活のことを最近は欧米化じゃなくて、ファストフード化、食の工業化って呼んでいるんですが、私の先生にあたる人たちの時代というのはその弊害が実感として見えなかったんです。

土橋　将来を予測するような感じだったんですね。

幕内　ええ。それが、私が『粗食のすすめ』を出した頃というのは、食という括りのなかに農業問題、環境問題、医療問題、教育問題……多岐にわたる問題が横たわっていて、それが沸々と湧き上がって、少しずつ見えてきていた。

土橋　その時代に栄養士をしていたというのも必然だったと思いますよ。私なんかは、そういうスポットライトを浴びた華々しい部分じゃなくて、もっと世俗的な、人間・幕内秀夫の部分に興味があるんですけどね。実際、スポットライトを浴びたと言っても、先生がずっと関わってこられたのは……。

幕内　まあ、魅力的ですが、じつに怪しい世界でもありますよね（笑）。

土橋　年は一つ私のほうが上ですが、その怪しい世界の大先輩ですから、いろいろ勉強させていただきましたけれど（笑）。

幕内　あの頃、先生と話していましたよね、「川を渡ると戻れなくなる」って。

土橋　そうそうそう、よく言われました（笑）。

幕内　代替医療、民間療法の最大の共通点は、提唱者が自らの病気を治した体験から誕生したものがほとんどなんですね。人間、薬や注射、あるいは手術で病気が治っても、人生まで変わる人はそんなにいないと思いますが、〝常識から外れた方法〟で良くなると、コペルニクス的大転換と錯覚してしまう。その人には良かったものが、誰にでもいい方法だと考えるようになり客観性をなくしてしまうんです。

土橋　そこまで行っちゃったら、もう元へは帰れないところがありますね。それが正しいかどうかという話ではなく……。

幕内　解剖学者の養老孟司氏が、「『柳の下にどじょうがいた』という話が『柳の下にどじょうがいる』になってしまう」とわかりやすく表現されています。たしかに、柳の下にどじょうがいたかもしれない。でも、いつでもいるわけじゃないんですね。川を渡ると、「どじょうがいる」になってしまうんですね。

●自己体験の罠

土橋　私はあの時、それをすごく大事なメッセージとして受け取ったんですよ。川を渡って、とんでもないことになった医者をたくさん知っているから、というような話をたくさん聞きながら、スレスレのところにいるんだなあって（笑）。

幕内　要するにね、ハマっちゃうんですよ。自分がいいと思った方法とか、考え方に。食事だけにかぎらないですね。

土橋　だから、西洋医学をダメって否定して、自然療法だとか代替療法だとかをすすめるようになった瞬間に川を渡ってしまう可能性があるわけですよ。そうした治療がおかしい、間違っていると言っているわけではないですよ。

幕内　ええ。二つの優劣を争いたいわけではない。

土橋　でも、そういう感じになっちゃうわけですね。それは、外科を離れて私が進もうと思っていた方向とは明らかに別のものでね、そっちに進む人と自分は違うんだっていうことを、幕内先生から教えられた気がするんですね。

幕内　たとえば、先生は外科医としてずっと頑張ってこられたと思いますけど、川を渡っちゃうと、そういう過去の実績を全否定するようになりますから。だって、先生が診て良くなった人もたくさんいるわけじゃないですか。でも、本人が間違っていたと感じた部分と一緒に、そういういい面も消えてしまう。

土橋　私は「何事も長所半分、短所半分」って言っているんですが、それでは生ぬるいというか、不寛容になってしまうところがあるんでしょう。それにしても、川を渡る話を久々に聞いて、当時の記憶が甦ってきましたね（笑）。

幕内　要するに、裏の世界には、川が流れてるんですよ、とても魅力的な三途の川が（笑）。それは先ほど言った大楽観の世界でもあるんですが、面白いことに、そういう世界にはまっちゃうのはエリートの医者が多いんです。

土橋　医者に限った話ではないでしょうけどね。

幕内　ヘンな話、若い時に暴走族をやっていたとか、シンナーでつかまったとかっていう人は、そういう川は絶対に渡らないと思います。渡ってしまう人は、青春時代は勉強一筋、というイメージがありますね。

土橋　そうですね。不良を経験した人は、若い頃から世間にもまれていますから、逆にバランス感覚があるんでしょう。真面目に生きて、悪いことにあまり免疫がない人のほうが極端な方向に進みやすいですからね。

幕内　ええ。私は「自己体験の罠」って言っているんですけど……。一般の人はそれでもいいと思いますが、医師がこの罠にはまると影響が大きいだけに危険ですね。

土橋　私の場合、自分が川を渡るとは思ってなかったんですけどね。

幕内　先生が渡るとは思っていませんでしたよ。そういう医師だったら、とてもそんなことは言えません。烈火のごとく怒られますから。

土橋　ははは。あの時期先生と話すことで、ある意味でブレーキになったというか、本当に自分がやりたい方向を模索するいい時間が過ごせたかなと思いますね。

マジックのタネ明かし

幕内　先生が本当にやりたい方向っていうのは……。

土橋　やっぱり私はタネ明かしですよ。この世の中の構造を解き明かすというか、それは病気の構造から始まって、人間の構造、それから社会の構造、宇宙の構造……そこまで行き着くわけですね。まだ宇宙までは行ってないんですけど（笑）。

幕内　構造を解き明かすという視点は大事ですね。

土橋　少なくとも細胞から臓器、臓器から人間、人間から社会と、すべて一つにつながっているわけですから、この全体を成り立たせている仕組みを解いていくというのが、私がいうマジックのタネ明かしなんですよ。

幕内　やっぱり、先生は哲学者か宗教家ですよ（笑）。

土橋　いやいや、私が伝えていくなかでほんの数パーセントでもわかることができたら、その瞬間、自分を縛っていた枠から離れられますから、結果として、健康というものも自然に手に入れてしまえると思うんですよ。

幕内　治療法に重きを置かないのはそれゆえということですね。

土橋　方法論がどうということではなくて、まず本人が変化する。その変化のなかに病気が治るという要素も含まれるわけです。

幕内　そのお話、マズローがいう「欲求の五段階説」に似ている気がしますね。マズローは欲求の段階を五つに分け、だんだん広がっていき、最後の自己実現欲求に向かうと言っていますが、だんだん広がるっていうのは、人の欲求の必然かもしれないですね。先生の場合、和歌山から出てきた時から、それは止まらない（笑）。

土橋　ええ、止まらない（笑）。人には知りたいという欲望があると思うんですね。人の知らないことを知りたいという。

幕内　ただ生活するだけじゃなくね。

土橋　私たちは、この仕組みを知る、学ぶために生まれてきたという感じじゃないでしょうかね。いまの自分は、医者でありながら医者でない、この時代にしか存在できない新しい医者になりたい気持ちが強いですね。

幕内　栄養士の場合、気づいた人は全体の1パーセント。その1パーセントの中の90パーセントは気づかなかったフリをして一生を終わる。で、その中の10パーセント、全体の0・1パーセントが、気づいてここから勉強しようとする。

土橋　その0・1パーセントが新しいことを創造するんですよ。

幕内　きびしい、イバラの道だと思いますけどね。

土橋　だからこそ、生命が燃えてくるんです。

「なぜ病気になったと思いますか？」

幕内　一つ質問ですが、先生はいつから病気と心の関係について考えるようになったんですか？　和歌山で外科医をしていた頃から意識していた？

土橋　いや、ハッキリ意識するようになったのは、外科を離れてからですね。外科の仕事というのは、簡単に言えば修繕ですから、それはもう技術の世界、上手い・下手で評価される世界ですよね。ですから、そこで打ち込んでいるかぎり、「なぜこうなったのか？」という原因の部分には目が向かないんですよ。

幕内　こっち（東京）にやって来てから、徐々に整理されていったと。

土橋　そうですね。心や意識というのは、要は臓器以外の要素ですよね。西洋医学というのは、まず臓器ありきで、そこに病理がくっついて、診断、治療というプロセスがあるんですね。そうやって体系づけられた世界のもっと前というか、臓器に病変が現れる前の世界に目を向けたいという思いがあったんです。

幕内　それで患者さんにインタビューを始めたわけですね。

土橋　ええ。初めから明確な目的があって、帯津病院に行ったわけではないんですが、行って、患者さんを診ていくなかで、「この人はどんな生き方をした人だったのか?」ということを聞きたいと思いはじめたんですね。

幕内　面白いですよね、医者が患者さんにインタビューするわけですから。

土橋　それは医学の教科書に載っていない問題ですから、私からすれば、自分のわからないことを患者さんに教えてもらうという感じだったんだと思います。いままでは診断して、こちらが説明する側だったわけですけど。

幕内　どんなことを聞いていったんですか?

土橋　単純に「なぜ病気になったと思いますか?」と質問していったんですよ。バカじゃないかと思われるかもしれませんが(笑)、診断に至る前の5年とか10年の間のストーリー、その人の生活史について知りたかったんですね。普通は時間がかかるし、お金にならないし、そういう時間を作りにくいんですが……。

幕内　まあ、帯津病院ではそれができたんですよね。

土橋　ええ。帯津先生は、「何をやってもいいよ」と言ってくれる器量の大きな方なんですね。だから、普通はやれないようなことを思い切ってやってみることができた。すぐに何かがわかったわけではないですが、本当に貴重な体験でした。

幕内　その通りですね。私も20年近くいましたから、たくさんの患者さんと話をさせてもらいました。ガンの患者さんだけで数千人になると思います。栄養士でこれだけ患者さんと接する機会をいただいたことは本当に感謝していますよ。

●右乳ガンと左乳ガン

土橋　私自身、よくそんなことをしたなあと思います。患者さんにとって、自分の病気を診断し、治療してもらうのが医者の仕事でしょうから、普通、質問されるなんてないわけですよね。「どんな食事をしていましたか？」くらいの質問はするでしょうけど、私が聞きたいと思ったのは病気に直接関係ない、その人のもっと日常の部分でしたから。

幕内　病気といってもガンですよね。特に乳ガン。

土橋　帯津病院では、症例として乳ガンの患者さんが一番多かったですからね。ただ、最初は聞いていっても何もわからない。もちろん、一人一人にストーリーはあるわけですけど、共通した傾向が浮かび上がってくる感じがないので、一回諦めたんですね。その諦めた瞬間に、右・左ってふと思いが湧いてきたんです。

幕内　右乳ガンと左乳ガンですね。

土橋　自分で考えたんじゃなくて、右・左って思ったんですね。それで、患者さんを右の乳ガン、左の乳ガンって分けていった時、右になる人はこういう人だ、左になる人はこういう人だっていうのが見えてきたんです。

幕内　しかし、右と左というのは面白いですよね。

土橋　結局、「どんな人が乳ガンになるのか?」ということを知りたかったんです。それは食生活も含めてですけど、いわゆる日常のことですよね。乳ガンの検査をしてとかじゃなく、逆に日常が乳ガンにどう影響しているかを知りたかったんですが、右も左も区別していない時は傾向が見当たらなかったんですね。右、左に分けてみることで、そこに共通するライフスタイル、性格が浮かび上がってきたんです。

「医療」と「医学」は違う

幕内　そのお話は何度か聞いてるんですが、30分くらい経つとどっちがどっちだったかわからなくなるんです（笑）。わかりやすい表現ってありますかね?

土橋　右乳ガンの人は、自分がしっかりしているんですね。自分の考え、信念を持っているので、人間が強いんですね。闘う人なんですね。

幕内　それが家庭だったり、職場だったりということで。

土橋　ええ。つねに自分と誰かが競争している。自分とご主人との競争とかね、そういう葛藤の中で勝っていかないとダメな人、2番目じゃダメなんですよ。逆に左乳ガンの人は、2番目のほうが能力が出せる。右も左も能力はあるんですけれども、左のほうが受け身というか、誰かの指示で動くほうがいいんですね。

幕内　こっちは我慢できる人。

土橋　我慢できますね。相当我慢して、ボロボロになるまでやれるわけですよ。そういう我慢に対する精神的なストレスが意外とない。

幕内　精神的ではなく、肉体的なストレスなんでしょうかね。

土橋　肉体的なものですね。左の人はあまり闘う人じゃなく、素直に、状況に応じて頑張っちゃう人。その結果、肉体が酷使されるんですよ。

幕内　右は精神的……。

土橋　本にはあまり書けないかもしれないんですけど、右は夫婦仲があまり良くないんです。左は逆にいいんですよ。これは、結構大事な要素なんですね。

幕内　なぜ、右と左かということはよくわからない？

土橋　客観的な情報のようなもので、理由はよくわからないですね。そういうライフスタイルというか、物の考え方、キャラクターが傾向として見られるということであって、エビデンスにできるようなものではないですから。

幕内　その「なぜ」という部分に関して、帯津院長はこういう言い方をしていますね。我々はあくまで医療者だと。「なぜ」を問うのは医学の話だと。

土橋　なるほど。医療と医学は違うということですね。

幕内　私たちがやっている医療の意味を、将来、医学が証明することもあるかもしれないと。ただ、乳ガンの話は、物質ではなく心や意識の話ですから、医学の人たちからはいつまで経っても「エビデンスはあるのか」って言われちゃうでしょうけどね。

土橋　エビデンスというのは科学の世界、科学の世界は結果の世界なんですね。だから、原因の世界には、なかなか到達できないんです。数値や画像に現れるもののなかで原因を探そうとしているわけですから、どうしても限界があるわけです。

幕内　限界っていうより、かなり無理がありますよね。どう考えたってそうでしょう、目に見えるものに限定してしまっているんですから。

西洋医学には治すという目標がない

土橋　誤解している人もいるかもしれませんが、西洋医学には治すという目標がないんですよ。診断して、治療行為をするけれども、本当に治すということを考えるのであれば、原因を真剣に追究しないとならないでしょう？　要は、治す気がないから、肉体レベルでの原因追究で終わっちゃうわけですね。

幕内　それ以上追究しない。

土橋　しかも、科学的であるということの定義には、数値とか画像で表わせるという前提がありますから、それから逸脱するともう科学ではない、医学ではないということになっていくわけです。そこに医学と医療の違いがあるわけですね。本来、医療というのはもっと幅広くて、実数ではない虚数的なものも含まれるわけですが……。

幕内　医学的にとなると、実数だけになってしまいますからね。

土橋　だから、先生がおっしゃるように、医学と医療が違うということは帯津病院に行って学んだことだと思いますね。私はそれまで、医学的な治療を医療だと思っていたわけですけれど、それは狭義の医療であって、じつはもっといろいろな、医学が関われないようなところも医療に含まれるわけですよね。

幕内　たとえば、江戸時代にだって医者がいたわけでしょう？　いまのような医師免許はなかったかもしれないけれど、それでもいろんな病気を診断して治していたはずです。じゃあ、彼らは何をやっていたんだっていう話になると、医学なんて成り立たなくなってしまう。いま処方している薬なんて何もないんですから。

土橋　まあ、漢方的なものがあったんでしょうけど。

幕内　でも、エビデンスなんてハッキリしていないわけですよね。それでも何らかの形で治っていた、医者は実際に治していたでしょう。

土橋　そのあたりを考えていくと、「病気とは何なのか？」というところまで行き着く気がしますね。検査で異常が現れなかったら、医者は「大丈夫ですよ、経過を見ましょう」と言いますけど、実際は具合の悪い人もいる。

幕内　ええ。そういう人は、患者さんになれませんよね。

土橋　心の病気のたぐいは別だとしても、数値と画像に異常があってはじめて普通の医者の患者さんなんですね。物質的なものだけが問われている。医学と言った瞬間に、物質の背後にある部分が置き去りになってしまうんですね。

「精神状態も含めて食事ということなんですね」

幕内　私、じつは神奈川県のある知的障害者の施設で食事のアドバイスをしていたんですが、そこに作業に来ている障害者を見ると、肥満と虫歯がとても多いんですね。それで、医者や栄養士が食事の管理を徹底させたらしいんですが……。

土橋　甘いものとかをやめさせたんですか？

幕内　ええ。そうしたら減量はうまくいった。ところが、精神面や家族関係がおかしくなって、どうしたらいいのかと私のところに相談があったんですよ。

土橋　興味深いですね。それで、どんなアドバイスを？

幕内　我々のまわりには酒とかタバコとか甘いものとか、ろくでもない麻薬がいっぱいあるじゃないですか。でも、その子たちにはほとんどない。あれもない、これもない、そうすると、すべて甘いものにいく。だから、すぐ虫歯ですよ。

土橋　先ほどのチョコレートの話と重なるところがありますね。

幕内　ええ。ですから、体に悪いからとやめさせてしまうだけでは、すごく危険なんです。救いが一切なくなっちゃうわけですから。そこでね、私は発想を変えて、「食後に饅頭を食べさせてください」って指導したんです。

土橋　親御さんがびっくりしたんじゃないですか？

幕内　「太っていて悩んでいるのに？」って言われましたけれど、問題は清涼飲料水なんですよ。飲み物だと甘くても1リットルくらい簡単に飲めてしまいますが、食後に羊羹を一本とか大福を3つも4つもとか、そういう人はいないでしょう？

土橋　ああ、清涼飲料水だけやめさせたわけですね。

幕内　お母さんたちに言ってあげたの。「お母さんだってね、いい洋服を着たりとか、いい男見つけたりとか、酒飲んだりとか、いろいろ悪いことやっていますよね？　それから見れば、お宅のお子さんたちは、天使なんですよ」と。子どもは甘いものを食べて、自分を保っている可能性もあるわけだから……。

土橋　それをやめさせれば、確かに痩せるでしょうけど、精神状態がどうなるかということですね。結果的に、子供たちはどうなったんですか？

幕内　スマートな体型にはなりませんが、病的な肥満はなくなりましたし、精神面はとても落ち着いてきましたよ。

土橋　精神状態も含めて食事だということなんですね。

●ガンは一種の必要悪

幕内　アスペルガーのような発達障害の場合を見ても、小さい時に抑圧された環境で育っているケースが多く、その反動でものすごい砂糖漬けになってることが多いと思うんです。

土橋 お菓子に走るしかなかったということですね。

幕内 病気でないにしても、家族の問題を抱えていたりすると、家に帰っても一人、親と会話することもないでしょう？ そういう子どもたちは、テレビを見ながら甘いお菓子を食べて、ホッとする。もちろん、健康状態のマイナスもあるわけですが、心の問題をひっくるめた時にどうなのか？

土橋 そうですね。単純に悪いとは言えませんね。

幕内 かつての私もそうでしたが、見えない部分を切り捨てることで、かえって問題をこじれさせている例は少なくないと思うんです。

土橋 病気にしても、良い・悪いで判断することが多いですからね。ガンだから悪い、排除すべきだということではなく……。

幕内 そう。一種の必要悪と言うかね。

土橋 実際のガンも勝手に増殖して悪いことをするのではなく、体がガンになることによってバランスを取っている面があると私は感じるんですね。

幕内 先生がつねづねおっしゃっていることですよね。

土橋 ガンの話で言えば、ただうまく切除できたから良かったとか、再発したから困ったとか一喜一憂するのではなく、ちゃんと向き合えば、そこに意味も価値も見出せると思うんですね。

幕内 全面的に否定するものじゃないと。

土橋 病気というのは必然的に生じるものですから、必然性がなくなることによって消失する可能性があるわけです。逆に必然性がある時は、西洋医学であろうが代替療法であろうが、病気の種が残っていることになります。必然性があるということは、その人にとって必要だったわけですよね。運悪くなったわけじゃないんですよ。

幕内 やっぱりそう考えると、外科の存在というのは大きいと思うんですよね。悪いところをとにかく取っちゃうわけだから。それはね、エビデンスがどうとか言う前に、もう有無を言わせないというか……。

土橋 良し悪しは別に、外科医はとにかく切るのが好きなんですよ。現場にいる医者は、血を見れば誰だって燃えてきますからね。

幕内 だいぶ前になりますけれど、逸見政孝さんが胃ガンを手術された時、私は帯津病院で外科の先生たちとニュースを見ていたんですね。そうしたら外科の先生全員が、「本当にこんなに取っちゃったら死ぬぞ」って。「ガンで死ぬわけじゃないから、あっという間だよ」と口々におっしゃっていましたね。

土橋 切ればいいというものじゃないんですが……。

幕内　手術は成功しました。でも残念ながらという……。本当に圧倒的と言うか、悪いところを取っちゃうんだから、考えてみると衝撃ですよね。

●医学はボディを扱えても、生命は扱えない

土橋　生命というものは、文章化できないですよね。数値やデータに表わせないのはもちろん、言葉や文字にだってできない。だから、その都度その都度、状況に応じて対処していかないといけないわけですが……。

幕内　なかなかそうはなりませんね。

土橋　文章化しちゃうと、ボディだけしか扱えなくなるんですね。でも、人間というのはボディだけじゃなくて、やっぱり意識や心もある。むしろ、そうした文章化できない要素で成り立っていて、ボディはその次というところがあるわけです。そう考えると、医学はボディを扱えても、生命は扱えないと思うんですね。

幕内　昔、熊本大学の医学部かな、古川泰龍《ふるかわたいりゅう》というお坊さんが講師をされていたんですが、この古川住職、生命山シュバイツァー寺というお寺を開山された方で。

土橋　なにやらすごい名前ですね。

幕内　そのご住職が大学で講義されていたのが、「死学」と言うんですね。医学生は病気を治すことを勉強するけれども、いずれ必ず死がやってくる。この死にどう対応するかが学問に入ってないのはおかしいというわけです。

土橋　死を扱うのは、日本においては仏教の役割だったと思うんですね。神道は、いま生きていて幸せかどうかとか、この災難からどう逃れるかとか、現世利益のほうを重視しますから、仏教とうまく住み分けができていたと思うんです。

幕内　仏様が死後で、神様は現世を担当していたと。

土橋　あくまで私見ですが、ここに医学を入れていくとなった時、仏教で扱ってきたものをどう医学に持っていくかが課題になると思うんです。私は仏教というよりも、もっと哲学的に捉えていく必要があると感じているんですよ。

幕内　宗教に頼る必要がない？

土橋　科学的思考からも、宗教的思考からも離れ、何も前提のないところで考えることを哲学的思考と私は呼んでいるんです。

幕内　玄侑宗久さんとの対談でも、そう語っておられましたね。

土橋　その意味では、死というものを宗教からどう分離していくか？　仏教、宗教に頼るんじゃなくて、本当に独立した「死学」というものを立ち上げて、それを医学とどうつなげていくかが、これからの課題だと思うんです。

「哲学的思考」のすすめ

生きる学問を補完するのが医学

幕内　哲学的思考という言葉が出てきましたが、これはどう理解すればいいんですか？

土橋　生き方とか死に方というものを、神や仏のような絶対的なものを前提せず、もうちょっと人間くさい、現実的な視点で捉えようとすることだと言えばいいですかね。いまは科学も神仏のようなところがあるので、科学の視点を外してみることも前提です。まあ、これがなかなか難しいことなんですが……。

幕内　前提を持っていること自体、自覚していない人が多いんじゃないですか？

土橋　そうなんでしょうね。私からすると、生きるという現実のなかでは、医学ってそんなに大きなウエートを占めるものじゃないと思うんです。むしろ、生きる学問と呼ぶべきものがメインであって、私たちは体を持ってますから、その生きる学問を補完するのが医学があるというくらいの位置づけにすべきだと……。

幕内　先ほどの死学の話もここにつながってきそうですね。

土橋　生きるということには、医学以外のものが入ってくるところがいっぱいあるわけで、その力を借りないと死も扱えないし、生きるということも扱えない。もっと横につながらないといけないと思うんです。いままでは医者がいて、その下に看護師がいて、検査技師がいて、管理栄養士がいて、そういう構造だったわけですけれど。

幕内　もっと外の世界ともつながっていくべきだと。

土橋　そうしないと、物事の本質がつかめないというか、病気の本質にしても、医者だけでつかみとるのは無理だと思いますね。これまでお話ししてきたように、医者の扱える領域は実数の世界だけですから、本当の意味で命を扱ってないんです。だから、患者さんが死んでしまっても平気なところがあるんですよ。

幕内　患者さんが死んでも？

土橋　もちろん、自分の過失でそうなっては困りますよ。そこはガイドラインなり、自分の正当性を示すものをベースに対処するわけですが、そうでない限り、患者さんが亡くなってもがっかりしたりしないものなんです。患者さんは医者が自分のことを思ってくれてると信じているかもしれないですけど、意外とクールなんですね。

技術だけでやっててもつまらない

幕内　確かに大きな病院では一日に何人も亡くなっていくわけで、いちいち感情を持っていたらやってられないところはありますね。

土橋　仕事柄というか、死に対してはかえって鈍くなっているんですよ。

幕内　勤務後にデートすることもあるだろうしね、引きずっていたんじゃ自分の人生がまわっていかない。だから、当然切り替えるでしょう。

土橋　回診していると、いつ亡くなるかわからない患者さんから元気な患者さんまでいて、すべて対応しないとなりませんから、患者さんごとに自分のチャンネルを変えていく。それにもう慣れちゃっているんですね。

幕内　そうしないと身が保たないでしょうからね。

土橋　危ない状態の患者さんのところに行ったら深刻な雰囲気で家族と話して、隣の病室に行ったらニコニコしながら、元気な患者さんと話して……そうやって臨機応変にやっていかないと仕事として成り立たないですね。

幕内　なかには真面目な性格で、精神的に参っちゃう人もいるんでしょうね。

土橋　私は外科でね、そもそも切るというところからスタートしていますから、情というものは最初から置いていたので平気でしたけど、長く続けていくなかで、人の感情というものに触れる瞬間があったんですね。

幕内　それで何か気持ちが変化したんですか？

土橋　外科から離れる最後の1年くらいの頃でしたが、亡くなっていく患者さんに「先生と会えて嬉しかった」「会えてよかった」と言葉をかけられたことがあって、何か無性に「このままで終わりたくない」って思えたんです。技術だけでやっててもつまらないと言いますか、人と関わり合うことの大切さを知ったんですね。

幕内 医者冥利に尽きることじゃないですか？

土橋 ええ。そんなことを言われたらたまりませんよね。これまでにない体験でしたし、私自身の命が喜んでいるのがわかりましたから。医者は、こういう自分の死を自覚している患者さんと向き合って、話すようにするといいと思いますね。

幕内 先生にとって大きな転機になった体験だったんでしょうね。

食生活は科学にはなりにくい

土橋 医者も患者もお互いに同じ人間で、同じ命を持っているという共通点を感じた体験だったかもしれません。おかげで、それまで外科医として持っていた非情な部分がなくなってしまいましたね。もちろん、帯津病院でも手術する機会はあったわけですけれど、また違った外科医になっていたと思うんですね。

幕内 なるほど。違った外科医に……。

土橋　自分の仕事の中で虚の部分がすごく大きな位置を占めるようになっていったんですが、じつはその部分のヒントをいただいたのが幕内先生だったという。

幕内　そうなんですか？

土橋　私が扱ってこなかった食というものを通して、先生は人を見ていたと思うんですね。食べるということの本質は数値にも画像にもできないわけで、甘い物が存在するのにはこういう意味があるとか、科学じゃ説明できない部分も理解し、受け入れる。……それができたらもっと優しくなれますよね？

幕内　悪いものだからやめろと言うのでは、その人の心は見えませんからね。もともと食生活というのは、科学にはなりにくいものだと思うんですね。特に先生のやってきた外科とは対極にあると思うんですよ。

土橋　確かに対極だとは思いますね。

幕内　食生活は食中毒にでもならない限り、結果がハッキリ見えにくいでしょう？　とんでもない食生活を続けることを、「緩慢な自殺行為」と言うことがありますが……。「科学的」、「エビデンス」といった言葉が好きな人は、人間の食生活ではなく、食品、栄養素ばかりを見ている人だと思いますね。

土橋　優しくなると、相手からの情報がいっぱい入ってくるんですよ。いまの医学では、実数の部分、体を治すための方法はある程度決まっていますから、自分の特徴を出していくには、患者さんの虚の部分を自分がどう捉えているか？　その点にアプローチしていくことが医者の存在意義にもつながっていくと思うんです。

本当のイノベーションは意識や心の領域にある

幕内　最先端の手術を手がける医者が、テレビとかで紹介されることがあるじゃないですか。ああいう番組を見て思うのは、この先、そうした技術がメインになってくるというなら、より精密な機械が扱える、手先がめちゃくちゃ器用な人が医者になるべきだ、それがこれからの医者だと、つくづく思うんですね。

土橋　結局、そうなっちゃいますね。

幕内　お米に絵を描くような器用な人がいますけれど、そういう人が医者をやればいい。それを最先端として紹介しているわけですから。

土橋　ところが、いまはそういう名医は必要ないというか、匠《たくみ》の技というのは、我々の業界では不要になってきているんです。30年前だったら、特殊技術を持っている人はその領域を引っ張っていたと思うんですけど、いまは評価は低いですよね。

幕内　ブラック・ジャックは評価されなくなってきているんですね。

土橋　ええ。他の分野でも社会が成熟していくにつれてどんどんロボット化、平均化されちゃいますよね。平均化すると、匠の技は必要なくなるんですね。だから、いまのシステムでは、医者の仕事ってつまらないと思うんです。

幕内　先生もつまらくなったんじゃないですか？

土橋　そうかもしれません（笑）。昔はもっと自由度があって、自分がやりたいこととか、やる気があればできたわけですけれど、いまは人と違うことをやっちゃいけない、医者もルールで縛られている時代なんですよ。

幕内　やりたいことをやると違反になっちゃう？

土橋　そういう面もありますよね。昔は若い医者もギラギラして、もっと認められたいとか、自分が何とかしようとか、そういう気概があったんですけどね。２０００年あたりからガイドラインができはじめて、エビデンスがどうのと言われるようになって。

幕内　さじ加減でさえ否定されかねない感じですからね。やれ患者さんが死んじゃったら裁判だとか、保険があるんだから点数でとかね。

土橋　ただ、ああいうものが出るようになったということは、西洋医学がもう頭打ちになって、これ以上発展的なことはできない。だから、本当の意味のイノベーション（技術革新）が必要な時になっているということだと思うんです。

幕内　どんなイノベーションですか？

土橋　物質的なところであるとしたら、それはもうロボットですよね。ただ、それで治癒率が劇的に上がるのかっていったら、そうとも言えない。

幕内　そこを勘違いしている人が多いんじゃないですかね。

土橋　根本的なところに目が向いていないわけですから、本質は何も変わらないんですよ。私からすれば、技術が誇れる時代は終わって、特殊技能を持った匠はどんどん怪しい存在になっていく。だって、学問的でないですからね。

幕内　匠の技は再現性が難しいから、学問の範疇に入らない。

土橋　そう。だから怪しいんですよ(笑)。そういう意味では、名医の定義が匠だとしたら、名医もあまりもてはやされなくなるのかもしれません。本当のイノベーションは、意識や心の領域にあると思うんですね。

幕内　そこに踏み込まない限り、好むと好まないとに関わらず、医者もロボットにならないとならないんでしょうね。

●人間や社会をどう掘り下げ、理解していくか

土橋　まあ、一般の人も、病気は自分のせいじゃないと思ってますから、早く治して、早く経済活動に戻りたいということで医者に頼ろうとする。その経済活動の中で病気になったなんて、ほとんど思っていないんじゃないですかね。

幕内　不摂生で病気になったくらいは思うでしょうけど。

土橋　その不摂生の背後にあるものですよね、問題は。そこが生き方や考え方につながる部分で、いちばんアプローチしなければならないところなんです。ガンの場合も同様ですが、ほとんどの人は早く治してほしいとしか思わないでしょう？　病気を災厄のように思っていたら、意味も価値も見つけられないと思いますよ。

幕内　その点は、統合医療だからいいとも言えないわけで。

土橋　統合医療を受ければ治癒率が上がると思っている人もいるかもしれませんが、そういうところに本質があるわけではないですよね。どう治すかよりも、人間とか社会といったものをどう掘り下げて、理解していくかが重要ですから。

幕内　西洋医学から統合医療に移ったところで、そういう部分がわかっていなければ、同じところをぐるぐるまわっているだけだと。

土橋　西洋医学をとことんやってきた私のような医者は、そこで身につけてきたものが体に染み込んじゃっていますから、それを置いて次になんて行けないんですね。どっちが優れているかという発想にはならないんです。

幕内　統合医療、代替療法の世界をすすめている医者とは、その点が違うんでしょう。外から見ると似ていそうなんですけどね（笑）。

土橋　治療法の良し悪しを比べるだけでは、水掛け論になるだけですから、もっと違うところに向かっていかないと。

●西洋医学も代替療法も本質は一緒

幕内　先ほど西洋医学も代替療法も本質は一緒だとおっしゃっていましたが、わかっている人はとても少ないですよね。

土橋　西洋医学のドクターも、統合医療、代替療法のドクターも、それぞれ自分たちが違うものをやっているように思っているんですけど、違っているのはやり方だけ。やっていることは何も変わらないですからね。

幕内　ただ難しいのは、エビデンスがハッキリしない食事療法であっても、健康食品であっても、そうした食を通してその人の生き方が変わる、自分の仕事を見つめ直すきっかけになった人はいるわけです。まあ、ほとんどの指導者は、改善したのは自分がすすめた方法とか食事のおかげだと思っているんでしょうけど。

土橋　これは食べてはダメ、これを食べてもいいというようなね。ただ、データというのは読み方さえ変えれば別の解釈も出てきますから。

幕内　ええ。だから、私はそういう数量化の視点で食の世界を捉えないようにしているんです。単純な人は、私の書いたものを読んで「エビデンスがない」とか「科学的じゃない」とか言うわけですけど、初めからそんなことは謳っていないわけでね。

土橋　先生も私も、要はエビデンスという概念を外している。誰かの提示したエビデンスを批判しているのではなく、あえて捨てているんです。

幕内　そうそう。そこがわかっていない人がとても多い。

土橋　だとすると、議論にはならないんですね。こちらの意図も伝わらないし、単純に批判されたと思って的外れの反論をしてきたりする。このあたりはすごく大事なことで、他者とのコミュニケーションの基本だと思うんですけどね。議論をする時は、まずお互いの立場をハッキリしておかないと話が噛み合いませんから。

幕内　代替医療の世界で一生懸命やってきたのに、自分の立場がわからずに証明しようとしたら、それは墓穴を掘りますよ。これまで何人いたかわかりません。下手したら、その人がそれまでやってきたことが全否定されちゃうわけですから。

土橋 つまらないところでトンデモ扱いされたりね。この対談だって、科学で扱っているようなものはあえて語っていない、前提から外しているということを理解して読んでもらえたらいいんですけど、みんな自分の前提を外せないですからね。読んでいる人が科学者だったら、自分たちの視点で反応しちゃうわけです。

幕内 発想の根本が違うにも関わらずね。

土橋 そのあたりが、「がんもどき」の近藤誠先生とはちょっと違うところで、あの方はエビデンスの世界、数値化した形で問題提起していますから、それは当然、科学をやっている人たちとの間で議論になります。

幕内 同じ土俵に乗っているわけですから、どちらが正しいのかというね。どうしてもそうなりますよね。

土橋 ええ。そこでは議論してもいいんですけど、我々はエビデンスを否定しているわけではないですから、根本的に違うわけです。

幕内 このままでは話が合いませんよね（笑）。

土橋 前提をいったん外して、相手と向き合うことが大事なんです。それができれば、分野は違っても話が合うわけですよ。哲学的思考というのはまさにこのことを指すんです。科学も、宗教もまずは前提を外さないと、その外の世界には出られない、マジックから抜け出せないままなんですね。

忘れられた「民俗学」の視点

●文字に残らない人、歴史に残らない人たちの営み

土橋　幕内先生とお話ししていて強く感じるのですが、栄養学というよりも民俗学を発想のベースにされていますよね。

幕内　ええ。学生時代に日本列島のあちこちを歩いてまわったのが原点と言えば原点なのですが、その頃は民俗学なんていう言葉も知らなかったんですよ。ただ、歩いてみて、半分冗談で「フード（FOOD）は風土」と言いはじめていましたけどね。

土橋　日本という風土で人間が何を食べ、どういう生活をして、どんなものの考え方をしてきたかということですね。

幕内　ただ通っていた学校がそうだったというだけで、栄養学にも興味がなかったし、前にもお話ししましたが、栄養教育の了見の狭さというか、学問の狭さみたいなものを知って、辟易していた感じなんですね。カロリー計算とか、ビタミンCが何ミリグラムとか、算数の勉強にきたのかと思ってましたから（笑）。

土橋　それで山梨県の棡原を訪ねたとおっしゃっていましたね。

幕内　そう、そこでいろいろなことに気づいたのですが、もう一つ、東北大学に近藤正二《こんどうしょうじ》先生という公衆衛生学の専門家がいて。

土橋　公衆衛生学教室は、臨床ではなく基礎医学のほうですね。

幕内　その先生が、昭和30年の頃かな、同じ日本列島になぜ短命の村と長寿の村があるのか、全国をくまなく歩いて調査することで、それぞれ地域の食生活に違いがあるということを唱えたんですね。あとで考えると、そのあたりの研究に触れたことが民俗学的なものと出会うきっかけだったかもしれません。

土橋　食べ物が対象であっても栄養学ではないということですね。よく名前が出てくる宮本常一《みやもとつねいち》との出会いは、その後ですか？

幕内　その後ですね。私にとって一番大きかったのは、宮本常一という民俗学者と出会ったことだったと思いますね。まあ、本で出会って、自分が求めてきた栄養学は民俗学を勉強したほうがいいんだと気づいたんです。物好きかもしれませんが、40歳を過ぎて国学院大学の聴講生になって民俗学の講義を受けました。

土橋　栄養学よりもずっと性に合ったということなんでしょうね。

幕内　歴史というのは、織田信長がどうとか豊臣秀吉がどうとか、結局、語られているのは政治の話でしょう？　民俗学は庶民学というか、無文字文化というか、形に残りにくいものを対象にしているわけですね。祭りだとか、農業だとか、食だとか、性の問題だとか、扱う領域が幅広いんです。

土橋　生きるということが対象なんですね。

幕内　『忘れられた日本人』という本があるんですが、そこに描かれているのは文字に残らない人、歴史に残らない人たちの営みなんですね。そういうものに出会って、食にまつわる問題がなおさら面白くなったんです。

●空間に飛び出る

土橋　「忘れられた日本人」というのは、まさに目に見えるもの、数字やデータで表されるものの背後の世界と重なってきますね。

幕内　宮本常一は、日本中をくまなく歩きまわるわけですが、それがもう地球4周分、16万キロにも及んでいたと言われていて。行ったところを赤インクで塗ると、日本地図が真っ赤になるというくらいだったそうなんです。

土橋　それはすごい。

幕内　宮本常一と出会ってから、私自身、彼を意識して日本列島を縦断したり、四国横断や、能登半島一周などをしたり、最近では東海道五十三次を歩いたりしました。やっぱり、そうやって歩いてこそ見えるものがあると思うんですよ。

土橋　空間に飛び出るっていうことは、まさにそういう意味なんですね。西洋栄養学という、科学という地に足をつけた世界から、分野にこだわらず、もっと広い空間に出ることで、栄養学とほかのものとのつながり、人間生活そのもの、人間の営みの中の食生活……そうした視点に幕内先生は興味を持たれたと思うんです。

幕内　それは先生も一緒でしょう。要素還元主義から抜け出るというか。

土橋　そうですね、すべてをバラバラにして、部分でとらえる……西洋医学というのは要素還元主義が基本ですよね。私は病気と呼ばれるものを、そういう狭い枠のなかでとらえたくなかったということなんでしょう。だって、もっと生々しい人間の生活のなかで起こるものが病気であるわけですからね。

幕内　最初にお会いして感じたのは、この部分だったかもしれません。

土橋　まあ、確かに同じ経過をたどっているように思えますね（笑）。ただ、先生と違うのは、私がそうした広い空間に飛び出したのは、西洋医学を一通りやってしまった後だったというか、私の場合、実践が必要だったんですよね。

幕内　いったん要素還元主義をやらないと……。

土橋　ええ。信じてはいなかったんですけど、やらなきゃいけなかったですね。やらないとわからなかったっていうところがあるんだと思います。

変わりつつある日本を最もトータルに俯瞰した人

幕内　宮本常一の仕事で興味深いのは、あの時代に、性の問題を書いてるんですよ。ペンネームを使ってね。でも、どう見ても文章が宮本常一だから、誰かが見つけちゃうんですが、ペンネームでしか書けなかったくらいにね……。

土橋　世間の壁というか、縛りみたいなものがあったということですね。

幕内　ええ。そういう時代でもあったんですよ。性の問題のような生々しいものを書くと、仕事がすべて否定されてしまうような時代背景だったというか。

土橋　でも、あえて踏み込んだわけですね。

幕内　日本の民俗学を打ち立てたのは柳田國男《やなぎたくにお》ですが、彼は当時の農商務省の役人で、典型的なエリートなんですね。高級官僚であるということが、いい意味でも悪い意味でもつきまとっているところがあるわけです。

土橋　宮本常一は、その後に出てきたわけですか？

幕内　そうですね。彼はそうした華々しい経歴がまったくない人で、師範学校を出て、最初は小学校の先生をしていたのかな？　民俗学に傾注していくのはその後だと思いますが、柳田國男という巨人をただ師事するだけでなく、とことん自分の足で歩いて、現地調査をしたところに特徴があるんだと思っています。

土橋 本当の人間学と言いますか、それが民俗学であるとしたら、そういう視点を持つことで人間社会がもっとトータルで見られると思いますね。

幕内 私の知るかぎり、変わりつつある日本という国を最もトータルに俯瞰した人だと思いますよ。西洋近代主義、要素還元主義に突っ走る時代というものをじっくり見つめた人と言ってもいいかもしれません。

土橋 その時代に生きなければわからない日本があったんでしょうね。

幕内 最近になって、佐野眞一氏が書いた『旅する巨人』という本を読んで、そこで初めて渋沢敬三との関係を知ったんです。彼は渋沢栄一の孫で、日銀総裁にもなった人物なんですが、民俗学にも傾倒していて、宮本常一を援助するわけですね。

土橋 ああ、渋沢家というと財閥の家系ですから……。

幕内 パトロンなんていう言葉、私はそれまで男と女の間の話だと思っていたんですよ（笑）。でも、そうではなくて、渋沢敬三はお金はあったけれど、家があまりにも大きすぎて好きな民俗学ができないから、それを宮本常一に託したんですね。

土橋 なるほど。人間の生態というか、人間とは何かということが、そうやって探求されていったんですね。

●長所と短所、すべてが両面を持っている

幕内　医者の場合、先生がよく使っておられる「長所半分、短所半分」という言葉じゃないですけど、いい面もたくさんあると思うんですね。それが栄養学だと、私の主観と言われればそれまでですが、そういういい面が全然見えなかったんです（笑）。

土橋　見えないですか。

幕内　少なくともいまだって見えない。だから割り切りが早かったんです、食品学から離れ、自分にとっての栄養学を探すということに対して。

土橋　医療の場合、内科の領域、慢性的な疾患に対してはあまり意味ないと感じることが多いんですが、救急医療については避けて通れないですよね。慢性疾患であっても急性期と呼ばれる時期がありますから、不要というわけにはいきません。

幕内　医学にそういう面があったことも、長所と短所、すべてが両面を持っているというとらえ方につながっていったんじゃないですか。

土橋　医者のなかにも、あまり臨床経験を積んでいない若い時期に批判的なことを言う人

もいますよね。良さもあることを認めたうえで、いろんな問題点を指摘するんだったらいいんですけど、ただ批判的なところだけ言われても、そうでないこともたくさん体験してますから、私には全面否定はできないわけでね。

幕内　まあ、最終的には理屈を越えて、楽しかったか楽しくなかったかが非常に大きいと思いますけどね。先生だって私だって、楽しかったらやめなかったはずですから。後になって理屈は言えるけど、問題は楽しかったかどうか。

土橋　その意味では、楽しみが急激になくなってしまったんでしょうね、私の場合。自分のなかで一つのことを達成したら、次に自分がワクワクできるものを探さなければならないわけですけど、業界のなかを見渡しても、「この先、用意されているのはこの程度か」っていう感じだったんです（笑）。

幕内　やるだけのことをやってしまったから……。

土橋　要するに、「何事も長所半分、短所半分」、すべてが両面を持っているという部分がわかるだけでは、自分は満足できなかったところもあるんですね。こうしていま、もっと広い空間に出て、人間の生活を見ていける立場になって、ようやく伝えたいことが伝えられるようになってきたわけですけど……。

幕内　新しい楽しみが見つかった感じですか？

土橋　ええ。ただ、医者であることが足かせになっている感じもしますね。食というのは誰もが毎日やっていることですから、とても身近な問題というか、受け入れやすいところがあると思うんです。『粗食のすすめ』があれだけヒットしたのも、そうした背景があったと思いますし。でも、医者の世界はそうはいかない。

幕内　そうですか？　医者だとそうはいかない？

土橋　日本では医者という存在がまだまだ絶対視されていますし、医学というものの存在も大きいですから。これまでの医者と患者さんの関係を変えにくいところもあるので、先生と同じ話をしたとしても伝わりにくい気がします。

幕内　患者さんが医者を縛っているところもありますかね。

土橋　だから、患者以外の人と接する機会が増えていったのかもしれません。保険診療の限界というものも、そこに重なってくるかもしれませんね。

お金という麻薬

幕内　甘いものやお酒、タバコは、心身のバランスを保つ一種の必要悪というか、麻薬としての要素が大きいとお話ししたじゃないですか。実際の麻薬ほど常習性はないので、マイルドドラッグと呼んでいるわけですが……。

土橋 もちろん、ドラッグだといってもただ排除すればいいのではなく、確かに必要悪というか、そこにも意味と価値はあるわけですよね。

幕内 最近私は、こうしたドラッグに新たに加わったものがあると考えるようになったんです。それは「お金」なんですが……。

土橋 ああ、お金は確かにドラッグですね。

幕内 お金が経済活動の手段として必要なことは言うまでもありませんが、麻薬的な要素が非常に強くなっているように感じるんです。お金って扱い方を間違えると、体だけではなく、精神面や家族、社会までも崩壊させてしまうじゃないですか。実際、どこの街に行っても、駅前に必ず麻薬の密売所があるでしょう？

土橋 麻薬の密売所？

幕内 昔は米屋とか八百屋とか魚屋があったはずなんですよ。それがいまは、居酒屋とか、パチンコ屋とか、宝くじとか、ピンクのネオンなんかに加えて、「サラ金」が非常に目立つようになっていると思うんですね。

土橋 ああ、確かに密売所だらけかもしれないですね（笑）。

幕内 以前、信用金庫で講演をしたことがあったんですが、その際、「皆さんが仕事で扱っているのは麻薬なんですよ」と言ったら、みんなショックを受けてね。だって、医者が出す薬には適量というものがありますよね。医師のさじ加減といっても、さすがに5倍、10倍に量を増やすことはできないでしょう？

多すぎても少なすぎても不幸になる

土橋　過剰投与と言っても限度はありますね。

幕内　お金って、そうしたさじ加減がとても難しいと思うんです。足りなさすぎて問題になることもありますが、多すぎて問題になることも珍しくない。一歩間違えば、1億円にも、10億円、１００億にも膨れ上がるわけでね。

土橋　確かにケタが違いますよね。

幕内　タバコが害だ、酒が害だと言ったって、お金の麻薬で死んだ人がどれだけいるかということですよ。原発問題だって、アメリカの基地の問題だって、お金という麻薬、補助金という麻薬なしには語れない問題でしょう？　バブルの頃だって、日本中が麻薬中毒になったとしか言いようがないですしね。

土橋　ハードドラッグになりうる要素が多いですよね。

幕内　いくらタバコが好きでも、一日100本も200本も吸わないですが、お金は数字ですから、いったん中毒症状に陥るとどこまでも上がっていく。かといって、少なすぎても不幸になるわけで……。

土橋　依存症状と禁断症状があって、どちらもつらい。まさにさじ加減一つの世界ですね。

幕内　良し悪しは別に、お金はドラッグなんだとわかっていないと、しっぺ返しを食らうでしょう。アルコールやタバコなんかより、身を滅ぼしている人がよっぽど多いのではないかと考えることがあります。

土橋　いまの時代、特にそうでしょうね。

幕内　私たちが若い頃は、お金という麻薬が急に必要になったら「質草」を持って質屋さんに行ったものですが、いまは免許証とか保険証とか、簡単な身分証明さえあればすぐにお金が手に入りますよね。麻薬の入手ルートがとても身近になった、その意味では中毒症に陥りやすい、とても怖い時代のように思いますね。

お金で悩む人は大腸にガンができやすい

土橋　お金で悩む人というのは、私が見るかぎり、（大腸のような）下部消化管にガンができやすい傾向があるんです。お金がなくなった時の怖さって、お金を持っている人だけがわかる部分があるじゃないですか。

幕内 そういう人が大腸ガンに？

土橋 ええ。話を聞いていくと、会社の資金繰りとか、持ち逃げされちゃったとか、連帯保証人になったとか、お金に困った経験を何かしら持っているんですよ。そもそも、お金のない人は、そういう苦労はしないでしょ？

幕内 なんで大腸にガンが現れるかはわからないんですか？

土橋 理由はわかりませんが、お金に悩まされる人というのは、同じ大腸でもずっと深いところ、肛門に近いS状結腸とか直腸とかに負担がくるようなんですね。逆に消化管の上部、食道とか胃とかにガンができる人は、とてもシンプルなんですよ。

幕内 性格とかが？

土橋 わかりやすく言えば、舌が一枚しかない。ちょっと生真面目で、性格に表裏がないというか、一本調子というか。まあ、大きなお金を動かすような立場の人は、舌が一枚しかないようではやっていけないでしょうしね。

幕内 漢方の先生なんかも、○○は悲しみの臓器だとか、臓器と心の関係について言っているのを耳にすることがありますが……。

土橋　私はそういう対比はあまりしたことがないんですよ。何かの考えを持ってくると感覚が鈍ってしまうような気がして。確かにいろいろな話を耳にすることはありますが、そういうものには特に触れないようにしているんです。

幕内　触れちゃうと、そういうふうに見えてしまうというところがありますよね。

土橋　先入観が入ってしまうんですね。腸はこういう臓器だという前提を持ってしまうと、全部そこに合わせていかないとなりませんから。わからない部分があっても穴埋めせず、そのまま残しておいてもいいと思うんです。

幕内　まして、なぜそうなのかということは、考えても出てこないでしょう?

土橋　そうですね。まだ経験的な話しかできないわけですけれども、物質になる前の話ですから、理由なんて本当はわからないと思うんですね。

●内科は学問、外科は技術

幕内　医者であれば、部分的な修理工をやっているうちは結果が見えやすいですが、それが広がって全体的な話になると大変ですよね。タイヤだけ、ハンドルだけやっている人のほうが、専門性が際立ちやすいですから。

土橋　医学というのは、もともと内科的なものが医学だと思いますね。スタートは外科だったかもしれませんけど、外科って日本語では「外れる」って書いてしまいますよね。やっぱり、医学の主流は内科なんですよ。

幕内　あれはそういう意味なんですか？

土橋　いやぁ、本当は違うでしょうけれども、医学の本流から外れているみたいな感覚はありますね。だって外科は職人ですから。職人っていうのは、あまり評価されないですよね、医者として評価されるのはあくまで学問のほうですから。だって、ヨーロッパでは外科って床屋さんがやっていたわけでしょ？

幕内　確か床屋の店先でクルクルまわっている……。

土橋　あの表示板の青と赤は動脈と静脈、白は包帯だって言われていますよね。それが本当かはわかりませんが、外科的なものというのは技術の一つであって、学問の対象ではなかったと思うんですよ。

幕内　先生がおっしゃるように、学問と言うより職人。

土橋　内科は研究部門というか、わからないところが多いですから勉強をしないとダメなんですね。まあ、その勉強がどれだけ役に立つかは別として。一方の外科は、勉強をしなくても、体力と技術があればやっていけるという（笑）。

幕内　歯医者さんがそうですからね。結局、技術とか、手先の器用さとか。

土橋　私自身、外科をやっていたからこそ20年も医者を続けられたんだと思いますね。前にも話しましたけれど、内科ってなかなか達成感が現れにくいですから、自分の性格では続けられなかった気がします。

幕内　それでもっと広い空間に出た。歯医者なんかでも、尊敬できる先生は職人だけで満足していないですよね。

●「日本人のガンは、外国にないガンだと思うんですね」

土橋　私の場合、もっと一般の感覚に寄り添うようになりましたから、講演会などでも難しい言葉は出さず、共通言語で話をします。自分の体験をお話しする要素が増えますから、何かを覚えておかないとしゃべれないっていうこともないですし。

幕内　確かに外科の細かい話を聞いてもわかる人はいませんね。医者と患者の垣根が取れたというか、距離が自然と縮んだんでしょう。

土橋　ええ。だから、すごく自然にいられるし、その感覚を大事にすることで、病気の全体像がより見えるようになってきましたね。幕内先生が興味を持たれた民俗学的な視点というか、日本人特有の気質とか風土が病気に関係していることも……。

幕内　たとえばガンにもですか？

土橋　日本人のガンは、外国にないガンだと思うんですね。結局、人生における仕事の位置づけが外国人とは違うでしょう？　中国人のことをいろいろと言いますけど、日本人も彼らのことをとやかく言えないほど、お金に対して執着があるわけで。

幕内　まず経済を優先しますよね。

土橋　欧米人は、遊ぶために働くところがありますが、日本人はまず貯めますよね、何かの時に備えて。それだけ気質が違えば、病気も違ってくるわけです。

幕内　最近、富山和子さんという方の『日本の米』という本を読んで、すごく感動したんですが、この本のなかで「日本人の気質、アイデンティティーは米から来ている」ということが丁寧に書かれているんです。

土橋　米と日本人のつながりはイメージできますが、どういう視点で？

幕内　まず、水田ってつくるのがとても難しいんですよ。畑と違って水を張らなければならないので、土地を平らにする必要があるでしょう？　それで、日本人は急峻な地形に石垣を作って平らにしてきたんですね。田んぼに作られた石垣の総延長距離は万里の長城以上だと言いますから、ビックリするでしょう？

土橋　へえ。そうした石垣をコツコツと……。

幕内　電車で移動しながら田園風景を眺めると、石垣が確かにそこらじゅうに見られますよね。しかも、川はずっと何千キロも続いていて、水は上の田んぼから下の田んぼに流れていきますから、自分だけのものというふうにはいかないわけです。

土橋　特有の集団性というか、団体主義というか、それだけでも日本人の気質と重なり合ってくる感じがしますね。

幕内　まあ、私たちの祖先が３０００年前に米作りを選んだ時から、水をどう利用するか？　その延長で森をどう育てるか？　そこから生まれた様々な知恵が気質にまで影響を及ぼしているわけなんです。

日本の風土は日本人が作り出してきた

土橋　耐えていくとか、みんなと一緒にやっていくとか、そのための慣習だとか教育だとか……人間としては不自然さを強いられたこともあると思うんですけど、そうしたなかで私たちの気質が作られてきたことは間違いないですね。

幕内　ええ。先生の言葉を借りるならば、そうした気質が病気につながっていると。

土橋　環境のなかで受けたストレスの質ですよね。

幕内　（富山さんの本で）私がもう一つびっくりしたのが、いまどこかの景色が見えていても、そこに自然なんて一つもないのが日本だって言うんですよ。

土橋　自然が一つもない？　日本にですか？

幕内　たとえば、いま私たちが住んでいる関東平野もそうなんです。徳川家康が関東に入った頃は、広大な湿地帯だったといいます。そこで、利根川の流れを変え、関東平野を水田にして、山にも森にも手を入れて……その結果、人間の手が入っていない原生林はひとつもない、すべて人間が作り出したものなんですね。しかも、えらく時間がかかるわけです。なにしろ、森に木を植えても役に立つのはずっと先ですから。

土橋　なるほど。日本人の真面目さが見えてきますよね。

幕内　まったくその通りで、真面目でなければ、自分の畑なんか放っておいてもいいけど、水田はそうはいかない。きちんとしないとまわりに迷惑をかけちゃいますよね。だから、病気になっても頑張ろうとする。集団のなかで責任を果たそうとする。

土橋　そこが欧米との違いでしょうね。かかる病気も変わってくるわけなんですよ。

幕内　私なんか、ご飯のことはたくさん書いてきましたけれども、米のことはそこまで真剣に考えたことはなかったと感じましたね。私たちがご飯を食べるということは、途方もなく大きな意味があったんですよ。

●ガンが増える要素がなくなってきている

土橋　まさに栄養という枠だけでは収まりきらない話ですね。

幕内　「一粒万倍《いちりゅうまんばい》」という言葉があるように、日本の田んぼでは一粒の米から万倍もの米を収穫することができるわけです。かつて、外国人が「同じ田んぼで毎年同じように収穫できるなんて信じられない」と言ったそうですが、そのあたりは水田が世界最高の食糧生産システムだと言われている所以《ゆえん》ですよね。

土橋　まあ、気質の違う外国人から見たら信じられないことだったんでしょう。戦後の経済成長ともつながってくる部分ですよね。

幕内　先生がいう「長所半分、短所半分」ということはあると思いますが、欧米人との違いというのは明らかにあるなと、しみじみ思いましたね。

土橋　ただ、最近の若い人は感覚が違いますから、そこまで真面目な人は減っていますし、前にもお話ししたようにかかる病気も違ってきていますよね。

幕内　ガンが減ってうつが増えるという、その話は面白かったですね。

土橋　いまのところは、そうした生き方を続けてきた人たちが人口のかなりの部分を占めているので、全体を見るとガンが増えているわけですが、いまの若者は耐えるということに価値を見出しませんからね。

幕内　ガンが増える要素がなくなってきていると。

土橋　ええ。いまが大事というか、いま心地がいいということが一番の価値なんですよ。確か岡田斗司夫さんという方が書いているんですが……。

幕内　あのダイエットの本が売れた人……。

土橋　いえ、その本じゃなくてね（笑）、『評価経済社会』っていう面白い本を書いていて、要は、産業革命によって宗教的価値観が科学的価値観に取って代わったように、いまは科学的価値観に変わる新しいパラダイムが現れつつある。それは何かと言うと、岡田さんは「いまの自分の気持ち」だというんですね。

幕内　なるほど。もはや宗教でも科学でもないわけですね。

土橋　宗教や科学が消えるわけがないけれども、これから先、それほど支配的なものではなくなってくる。その代わりに重視されるようになるのが、自分は何が好きなのか？　この価値に基づいて動く社会が「評価経済」なんだと。

幕内　米作りを続けてきた、これまでの３０００年とは様相が違ってきそうですね。

土橋　米をどう育てて、収穫し、保存していくか、どれも未来のためにやるわけですよね。でも、そんな未来が見えなくなったのがいまの時代ですから、サッカーを応援するとか、その瞬間の心地よさを楽しむわけです。

麻薬を必要としない人が増えている

幕内　立川の駅前に「大戸屋」っていう定食屋のチェーン店があるんですが、あそこに行ってびっくりしたことがありましてね……夜8時とか9時にサラリーマンが晩ごはんを食べに寄るわけですが、「ビール」なんて言っているの私だけなんです（笑）。

土橋　他の人は食事だけなんですか？

幕内　みんな本を読んで食べているんですよ、定食を。だからもう、お酒やタバコはもちろん、風俗にしても博打《ばくち》にしても……麻薬になりそうなものはみんなやらない、必要がない。そういう人が増えている気がしたんです。

土橋　麻薬がいらなくなったというか、やっぱり方向性が変わってきたんでしょう。これまで耐える人たちが必要としていた麻薬と、いまを楽しむ人が必要としている麻薬では、種類が全然違ってきているんだと思いますね。

幕内　スマートフォンの支払いで、お金が回らなくなってると言っていた人がいますけど、それは表面的な話でね、先生がおっしゃるように、根本的には価値観が変わってきているんだと思う。だから、今後はソープランドなんかいらなくなるかもしれない。そういうものはすべて年寄りのためのもので、若い人はもう利用しないというかね。

土橋　そういうこともあるかもしれませんね。

幕内　競輪好きな友人が言うには、「競輪場は高齢者の遊園地みたいだ」そうです。年金生活者が多いですから、売り上げが上がらないのも当然だと思います。

土橋　時代が大きなカーブにさしかかって、一斉にハンドルを切っている感じですかね。いまの若い人も酒やタバコをやる人はいますけど、たぶん、楽しむためなんですよ。我慢するため、何かを忘れるためと言うよりも、もっと直接的というか。

幕内　まあ、忘れたいものを紛らわす感覚もあるでしょうけど。

土橋　そうですね。忘れたいものがある人は、幕内先生がおっしゃるみたいなドラッグのほうに行っちゃいますけれども、そもそも忘れる経験をしていない人が多いわけですから、直接楽しませてくれる要素のほうが増えてくる。

幕内　食うや食わずの世界ではないですからね。

土橋　この先どうなるかはともかく、いまの状況では親がしっかりしていれば、とりあえず食べてはいけますもんね。それがダメと言うことではなく、余裕がある分、いろいろなことを考えられる利点もありますね。

●「いまの人は、みんな宮沢賢治や太宰治になったんじゃないか?」

幕内　その話と関連があると思うんですが、私が前にいた六本木の診療所の先生が、そこは内科なのに、どう見ても精神を病んでいる感じの患者さんが増えていると言うんです。それで、「いまの人は、みんながみんな宮沢賢治や太宰治になったんじゃないかね?」って話しておられたことがあるんですよ。

土橋　賢治や太宰ですか。お金持ちのお坊ちゃんというような……。

幕内　ええ。その先生は、「それもいいことなのかと思う時がある」とおっしゃっていましたけれど、確かにまわりの人が明日どうやって食うかで必死でも、彼らは余裕があるから「何が幸せか?」とか考えられるわけです。だから、作品も残せた。そうでなかったら、『人間失格』なんて書けないですよ。

土橋　ははは。そうかもしれません。

幕内　『堕落論』の坂口安吾なんかも新潟の大地主の出身ですから。昔は、「阿賀野川の水が尽きても、坂口家の富は尽きることがない」と言われるほどの富豪だったそうです。まあ、「雨にも負けず、風にも負けず、一日に玄米四合」とか、金持ちでなければとても書けないと、何度読んでも思うんですがね（笑）。

土橋　私たちの世代もあまり偉そうなことは言えないかもしれませんけどね。

幕内　というより、いまのほうがずっと進んでいるでしょう？　摂食障害なんかが多いのを見ても、いまという時代を考えてしまいますよ。

土橋　摂食障害の女性が増えているのにも意味はあるし、そこには時代背景なんかもあるはずです。必ずしも悪いことだとは言えないと思うんですけれど……。

幕内　ええ。「どう思うか」って言われると、単純に答えられないですけどね。

土橋　当人にとっては大変なことでしょうから。

幕内　あと、その先生が単純な言い方をしたんですが、あまり食えなくて、肉体労働ばかりしている頃は内科だったのが、逆に生活が楽になって、あまり肉体を使わないようになったから、ウチは精神科になっちゃったと（笑）。

土橋　みんなが宮沢賢治とか、太宰治とかになって……。

幕内　彼らのように名前を残した人はまだいいですけど、そうでない人はただのはた迷惑な人っていうことなのかもしれません。

土橋　時代が変化する時に、そういうつなぎ役のような世代が必ず存在するんでしょうね。変わる途中に存在した人たちは、その時代のなかでマイノリティーっぽく見られて、心や体がいろいろと病んでしまうところもあるんだと思います。

幕内　よく言えば先駆者的なね。

土橋　そうですね。「今どきの若者は」みたいに、いつの時代も言われていますけれども、いまはまったく価値観の違う人たちが一緒に住んでいる時代ですよね。これまでは孫も子も親も同じ価値観でしたが、いまは親子でも違うし、孫となったらもっと違う。そういう段階を経て新しい安定的な時代に入っていくと思うんです。

幕内　新しい安定ですか。

土橋　病気も変わってくるし、当然、食生活も変わってくる。そういう変化を体験して、人は次を考えるんじゃないですかね。

幕内　次にどんな時代がやってくるのか……うつとか摂食障害の話なども交えながら、もう少しじっくり考えていきましょうか。

次の時代を予見する「病んだ人たち」

僕のガールフレンドは宇宙人？

幕内　先ほどの話の続きになりますが、時代の変わり目の最先端を走っているのは、じつは摂食障害の女性のような気がするんです。

土橋　摂食障害が時代の最先端？

幕内　ええ。時代の変わり目の犠牲者というか、それを病気と思えば犠牲者ですが、単にかわいそうな人というわけじゃないと思うんですね。だって、摂食障害の女性でアホな人って、私、会ったことがないですから（笑）。

土橋　確かにそんな感じがあるかもしれませんね。

幕内　理論上はどうなのかわかりませんが、みんな賢い子なんです。バカはいない。

土橋　そういうできる人だから、摂食障害になっちゃった感じでしょうかね。真面目で、感受性が高くて、いろいろなことがわかってしまうから現実に耐えられなくなって、どうにもならなくなってしまうという……。

幕内　じつは、これから出す私の本、どこの出版社も乗ってくれないもんだから、電子書籍で出してみようと思っているんですが、このタイトルがね、『僕のガールフレンドは宇宙人』っていうんですよ（笑）。

土橋　すごいタイトルですね。でも、食事の本なんですか？

幕内　いわゆる「変食」の女性を主人公にしているんです。偏っている食事ではなく、変わった食です。『ドラッグ食《フード》』という本にも書きましたが、こうした女性はパン、パスタ、肉類、牛乳、乳製品、魚介類の多くが食べられません。それだけではなく、塩分、油、砂糖もダメです。

土橋　あとは何を食べるんですか。

幕内　ご飯と味のついていないイモ類、豆類、野菜くらいです。ある日の食事は、朝はもち2個、昼は干しイモ、夕は炒り豆だけです。あとは番茶くらい。そばやうどんを食べる際も汁にはつけません。それが日常になっています。

土橋　すごい女性を主人公にするんですね。

幕内　ええ。言っておきますけど、実在のモデルですよ。それからこうした人は「性的」な面でも特徴があって、2回結婚しているんですが、夫婦関係を続けていくのは難しいところがあるんですね。「食」とか「性」という本能の関わる部分に、様々な問題が出るケースが多いように思うんです。

土橋　その女性が先生のガールフレンドなんですか？

幕内　いやいや、ただのガールフレンド、友達ですけどね（笑）、実は何人もそういうガールフレンドがいましてね、とにかく話して面白いし、学ぶことが多い。まあ、私の知るかぎりでも頭のいい子ばっかりですよ。

土橋　こういう話を聞いていると、変化の時代に男は無力だなと感じますね。敏感な女性が飛び抜けてしまうのを、何もできないでいる感じがします。

●時代の変化が心の病に現れる

幕内　摂食障害と言えば、女優の遠野なぎこさんなんかもそうですよね。子役から女優になって、それでカミングアウトしちゃって。

土橋　カミングアウト？

幕内　男性の遍歴を赤裸々にね。つきあっている男がいつでも5、6人いるとか、7股をかけているとかテレビで言っちゃって、イメージがかなり変わったんですが、彼女は摂食障害の問題も抱えていてね。

土橋　スキャンダラスな部分と、いろいろと関係してきそうですね。

幕内　彼女はお母さんとの間にも問題を抱えていて、それで『一度も愛してくれなかった母へ、一度も愛せなかった男たちへ』って本を出されたんです。あまりに衝撃的な内容だったので、一晩で一気に読んでしまいましたけど。

土橋　何となく想像できそうな気がします。

幕内　ハードな内容ですが、いい本ですよ。彼女の場合、思春期に体重が増えた時に、母親に吐くように言われたらしいですね。それがきっかけで摂食障害になってしまったようなんですが、乳幼児期の母子関係が背景にある人が多いように思います。

土橋　彼女も最先端なんですか？

幕内　最先端というか、世の中が変わる時というのは、先生がおっしゃったように、その時代の病気にも反映しているというか。いまは、結核になったりするわけじゃなく、ガンでもなく、心の病のほうに現れているわけで。

土橋　摂食障害も、心の病ですからね。

幕内　男性だって変わってきているけど、女性の変化はもっと激しい。それで敏感になっているような気もしますね。

土橋　だから、変化の時は女性の力が発揮されて、ようやく安定した時に「よし俺が」って男が出てきて「ついて来い」みたいな、そんな感じなんじゃないですかね（笑）。時代の変化に男はうまく対応できないと思うんですね。

幕内　岡本かの子も樋口一葉も、どう見ても摂食障害なんですよ。あの頃から、ああいう悩みってあったと思うんです。

土橋　何か記録が残っているんですか？

幕内　樋口一葉がそうだったことはわかっています。岡本かの子はわかりませんが、友人は「彼女も摂食障害だった」って言うんです。どこに書いてあるんだって聞くと、「この文章を読んで」と言ってくる。その子も摂食障害なんですが、同類はわかるんでしょうね。

土橋　なるほど。明治、大正、昭和と、その時代の変わり目に、その象徴となるような人がいて、苦しんでいたんでしょうね。

●医者が治せる病気がどんどん減っている

幕内　まあ、私流に言えば、時代の移り変わりは病気に現れるといいますが、医者が治せる病気がどんどん減っているという気もするんですね。それは医者が悪いんじゃなくて、これまでのやり方では対応ができないというか。

土橋　そもそも、その病気がなぜ起こるのかもわからない。

幕内　いったい、どんな薬が出せるのかと思うんですよ。恋の病じゃないけど、そんな患いに薬なんてないでしょう？

土橋　お手上げでしょうね（笑）。

幕内　ゴルフでもやっていれば、そんなことにも気づかずに楽しく過ごせますしね。先生も愛人を3人くらい作っていたら、和歌山で静かに過ごしてたでしょう（笑）。

土橋　ははは。ゴルフは一時期すごく凝っていましたけどね。自分のなかでは、ゴルフに対しても「できる！」という自信があったんですよ。仕事は仕事で自信を持ってやっていましたから、それでバランスを取っていた気がします。

幕内　それって、いい意味での麻薬だったんだと思いますが、その熱があまり高じてくると独りよがりになってしまうというかね。基本的に人の麻薬って、他人には絶対に理解できないところがあるわけです。

土橋　ええ。何でそんなことやっているんだという（笑）。

幕内　本人にとって大事なものであっても、酒だって無駄だし、ゴルフだって無駄だし、女性のスイーツだって無駄だし、お互い理解できないものだという認識を持たないと、トラブルが出てくるんだと思いますね。

土橋　そうですね。本当は言葉で伝わるようなものじゃないですからね。

幕内　自分の世界を肯定して、ほかの世界を受け入れなくなる。その典型がヒットラーですよ。彼は酒・タバコが大っ嫌いだったと言われていますけれど、代わりにチョコレートを一日一キロ食べていたという逸話もあります。

土橋　ヒットラーがですか？

幕内　本当かどうかわからないけど、でも、ありうると思いますね。

土橋　確か菜食主義というか、食事にかなりストイックだったらしいですよね。

幕内　菜食はワーグナーの影響を受けて始めたみたいですが、あの潔癖さは病気のようなものでしょう。変食というか、M的な快楽だったんでしょうね。

土橋　確かに自分を律する快楽ってありますよね。

幕内　これは厄介なんですよ。ろくでなしのほうが、人に言われると多少は反省しますけれど、M的な快楽主義者は人の説教を受け入れないところがありますから。ああいう人がトップに立つと怖いんですよ。

●異端はやがて主流になっていく

土橋　物事って、何事も肯定的に見ないと、未来は見えてこないと思うんですね。いま若者の間で起きている変化にしても、彼らの考え方、生き方、楽しみ方にしても、時間の使い方にしても、みんな違うわけですから。

幕内　おじさんたちは、それがよくわからないわけですが。

土橋　自分たちは終わりに向かっているからそんな感覚なんでしょうけど、若者たちは変化の一番矢面に立っていますから、先ほどの摂食障害じゃないですけど、ある意味かわいそうなところもありますよね。だから、違うなあという部分も必然的なものとして受け止めていかないと、次の時代が想像できないと思うんですね。

幕内　なるほどね。いいふうに考えようよということね。

土橋　私だって、これまでのレールから離れたことで異端視された部分はありましたけれど、いまにして思えば、やってきてよかったと。自分が実行してきたことは未来につながることだったと感じられますからね。いま批判的な立場に置かれている人たちに対して、世間と同じようには見られないですよ。

幕内　自分のたどってきた道と重なるから……。

土橋　そういう経験をしてきて、いまの自分があるわけで、全然ダメだったら、単なる異端で終わっちゃうだけだと思いますけど、異端はやがて主流になっていくわけで、そういうふうに世の中を見ていきたいと思っています。

幕内　それは先生自身に対しても？

土橋　やっぱり物質的な治療を超えたところに未来の医者像が残されると思いますから、

そこでやっていけるかどうかですよね。

幕内 病気という概念そのものが変わる可能性があるわけですからね。「何をもって病気というのか？」くらいの時代になりそうな気がしますよ。そういう感覚の変化を押し止めたりすると、否定的な言葉しか出なくなるわけでね。いまの若者に不満を持って、時々爆発してしまうんじゃないかな。

土橋 いままでの病気というのは、そもそも本当に病気と呼んでよかったのかどうか？私は、体がただ正常に反応しただけだと感じるんですね。

幕内 本当にそうだと思いますよ。そこから疑わないと。

土橋 要するに、体に現れた結果を見て〇〇病という呼び方をしているわけですけれど、それは火災報知器が正常に機能したのと同じであって、生きるために体が必要な変化を起こしたとも言えるわけですよね。

幕内 それを病気と呼んでいる。考えたらおかしな話ですね。

すべてが病名からスタートする

土橋 私からしたら、病気という言い方自体が問題だと思うんです。日本語は名詞が多いですが、病気は動いているものですからね、たとえばガンと言ったら、もう固定化されてしまう感じがあるじゃないですか。

幕内 先ほど思ったんですが、ほとんどの病気に臓器の名前がついていますよね。肝臓病とか、腎臓病、心臓病とか……。

土橋 ガンも部位別に呼ばれていますからね。

幕内 これって、西洋医学が入ってからでしょ？

土橋 解剖をするようになれば、やっぱりそういう言い方になってきますよね。『解体新書』なんかが出る前に、何て呼んでいたのかわかりませんが、私はそうやって臓器に病気を固定化させ、それで診断をする……いや、基本的に診断名をつけること自体、何か医療の本質から外れているように思えるんです。

幕内 現実は、診断名をつけないと治療が始まりませんけどね。

土橋 ええ。医者は病名をつけるのが当たり前になっていますけれども、そうするとすべてが病名からスタートすることになり、名前がつく前の状態が想像しにくくなる。そういう見えない状態が当たり前になってしまうんですよね。

幕内 そもそも臓器自体に原因があるとは限らないわけで。

土橋 主語が臓器になっているんですよ。腎臓がどうとか、こういう言い方で医者も患者もマジックにかかっているわけですから、そこからまず離れていかないと。いまの若者たちのほうが、それを受け入れる要素があると思います。

幕内 常識に染まっていない分、自由かもしれないですね。

土橋 そういう意味では、いまがチャンスでもあるわけですよ。物事の概念を根本から変えることが求められている時代ですから、これまでの常識や考え方からまず離れてみる。西洋医学から、西洋栄養学から離れてみる。

幕内 かと言って、代替療法とかホリスティックにシフトすればいいわけではないと。

土橋 ないですね。それは、どんな治療法を選択するかという問題ですから、病気の本質をとらえることと直接関係がないですよね。何とか療法がすごいと言っても、結局、それは外から働きかけて治そうとすることでしょ?

幕内 自然治癒とか言いながら、自分は何も変わろうとせずにね。

土橋 私がいつも言っているのは、自分がまず変化していくということが治療の一番中心になるという点なんです。すべてとは言いませんが、病気の50%以上の責任は自分自身にあるというところに、私の考え方のベースがあるんです。

「物質の変化」から「意識の変化」へ

幕内 それにしても、政治も経済も相当に混乱していますから……。

土橋 物騒な言い方かもしれませんが、いまの社会は一度崩壊したほうがいいのかもしれないですよね。人が元気だったら、社会は壊れませんから、うつになる人が増えているのも必然じゃないでしょうか。

幕内 大局的に見ればいいことだと。なるほど、そうかもわからないな。

土橋 病気と一緒だと思うんですね。いまの社会システムのままではもう健康が保てないんだということを、いま起きている混乱が示しているんだと思います。だから崩壊といっても決して悪いことではなくて……。

幕内 病気がすべて悪いものではないのと同様に？

土橋 ええ。地球がなくなったりはしないでしょうから、混乱したから悪い方向へ進んでいくとは言えませんよね。明治維新でも、第二次世界大戦でも、一回ボロボロにされて、それで何とか変わっていったわけですから。

幕内 ただ、変化の先にどんな社会が待っているのか……。

土橋 物質的な混乱期ならば、いままで何回もあったと思うんですよ。でも、この先の変化というのは、物質的な混乱もあると思いますが、それ以上に内面的というか、意識が変化していく面がとても大きいと思いますね。

幕内　これまでの日本の歴史を見ても、鉄道や自動車ができたり、飛行機が飛んだり、ビルが建ったり、確かに物質的な変化はあったと思いますが、所詮、外側にあるものが変わっただけでしょう。いまの時代が内面的な変化を迎えているのだとしたら、そうした変化以上に大きなものだという気がしますね。

土橋　物質的な変化というのは、それはそれですごいですが、ある程度限定的なところがありますからね。心の問題はその全体に重なりますからね、もっと広く、もっと大きい、質的な変化が起きていると思います。

幕内　それは先生が言うように、いい面と悪い面があるんでしょうけど、悪い面だけを見て、「いまの若者は困ったもんだ」という言い方は、ちょっと危険なんでしょうね。私自身、自分の息子に何て言っていいかわからなくて、逃げているところはありますけど。

土橋　うちは息子が3人いて、じつは3人とも医者になったんですが、「お父さんのようにはなれない」って言いますね（笑）。

幕内　先生のような医者になるのは大変でしょう（笑）。

アフリカの本を渡されたような感じ

土橋　私は西洋医学に対して、半分否定的に見てきたところがあるわけですから、どちらかというと、いまの若者的な感覚だと思うんですよね。既存のものに対して望みがなくなちゃって、未来が見えなくなったと。私がもし和歌山の病院にそのまま続けたら、生きる力がなくなっていたと思いますしね。

幕内　そうでしょうね。

土橋　いま、そういう意識の変化が多くの人に起きていて、それゆえに、やる気が出ないとか、こんなことやってても仕方がないみたいな気持ちになることもあると思うんです。私も病院の検討会とかに参加しながら、そう思っていた時期がありましたし。その時は意欲が落ちちゃっていたわけですけど……。

幕内　バリバリやっていた頃からしたら。

土橋　ええ。でも、ひとたび環境が変わったら、つまり、外に出て、風土が変わることによって、新しいエネルギーが出てきたんですね。

幕内　関西では死んでいたけれども、関東で生き返った（笑）。

土橋　まあ、住むところを変えるというのも自分を変える手段だと思いますけれど、いまは時代そのものが大きく変わろうとしているわけですから、住む場所を変えるという以前に、その場で対応していかないといけないと思うんです。実際、意識次第でそれができるんじゃないかなと思いますけどね。

幕内　出版社の人との会話のなかで、「かつて結核が流行った時代に、歴史に残る小説が山ほど生まれたわけだから、いまのような激変期にだって誰か出ているんじゃないか」と尋ねたら、若い女性に出てきていると。それで何回か挑戦するんだけど、読んでもそのあたりが自分にはわからないんですよ。

土橋　いまはどんな人が出てきているんですか？

幕内　私が聞いた話では、江國香織とかね。

土橋　私もそのあたりはわからないなあ。

幕内　中村うさぎくらいは、自分にもわかるんですよ、書いていることをみれば、どう見てもあれは我々の仲間ですから（笑）。だけど、もっと若い女性って言われても、それはわからない。要するに、アフリカの本を渡されたような感じなんですよ。

土橋　アフリカ語がわからないわけですね（笑）。

幕内　だから、誰か翻訳してくれないかなと思うんですよ。何がすごいのか、私が理解できないことが、なるほどってわかるといいんですけどね。

30年後も読まれる本を書きたい

土橋　私はいま、福沢諭吉の『文明論之概略』を読み返しているんですけど、あの当時の人もあれを読んだ時、外国語に思えたかもしれませんね。いま読んでいくと、もうそこまで見抜いていたのかっていう驚きがありますから。

幕内　それは、福沢諭吉が時代を越えた共通言語を持っていたからでしょう。政治家も、医者も、思想家も、大物であればまわりに理解されるかどうかは気にせず、普遍的なことを語りますから。我々はちょっと考えちゃったりするけれどもね。

土橋　いまでも新鮮な内容で、まったく違和感なしに読めますからね。当時の人が読んでわかったかというと、まぁ、そもそも本を手にした人が少なかったでしょうけど、まったくわからなかったんじゃないかと思うんです。

幕内　共通言語には、それだけの影響があるんでしょうね。私なんか、書いているのは実用書でしょ？　だから、なかなかそこまで読み継がれるのは難しいですが、少なくとも30年後も読まれる本を書きたいと思ってるんですよ。

土橋　『粗食のすすめ』がそれくらいになるんじゃないですか？

幕内　初版が１９９５年ですから、おおよそ20年ですね。ただ、医療もそうなんだと思いますが、実用書にはその時代の制約がありますから、文学のように１００年経ってもというわけにはいかないでしょう。

土橋　民俗学の宮本常一ではないですが、先生もそういう普遍的な作品を残したいという思いがあるんじゃないですか？

幕内　思いはありますね。ただ、そこまではどうかな。『粗食のすすめ』が初版から20年本屋に並んでいるのは、自己満足のひとつの小さな夢ですけどね。先生の本は、このまま行ったら、１００年後は思想書になっているでしょう。

土橋　宗教の書棚に並んでいるって言いたいんでしょう？（笑）

幕内　宗教というのは冗談で言っているだけでね、そういう思想的な方向に進んでいくとは最初にお会いした頃から感じていましたよ。

土橋　幕内先生は民俗学、私にとっては社会学という言い方になりますが、そうした視点がないと目の前に起こっている現象が説明できませんから。私の印象では、日本では社会学をあえて学ばせなかったところがあって、それは社会のしくみがバレちゃったら困るからだと思うんですね。だって、本当の民主主義じゃないわけでしょ。

幕内　そうですね。全然民主主義ではないですね。

土橋　ヨーロッパのほうは、何だかんだ言っても市民が蜂起して革命を起こしたわけですから、民主主義を勝ち取っていますしね、社会学の必要性というものをみんなが認めていた。理解しておかないとエリートとは言えない、必須科目のような感じだったと思うんです。その点、日本は偏差値教育ですからね。

幕内　大事な点がすっぽり抜けている感じは、確かにありますね。

半分占領されているような世の中

土橋　これからの時代の人たちというのは、社会が壊れていく現象を肯定的に受け止め、そこに未来を見出す感性があるように思っているんです。60代半ばから70代の人たちは、年金もあるし、戦争も体験しないで済んだいい時代を過ごしてきましたが、それは半分占領されているような世の中ですからね。

幕内　いい時代が来ると思うことは確かに大事ですよ。それは、先ほど話したように、若い女流作家なんかがすでに書いていることかもしれませんが、私も含めてそれを読み取れないということなんでしょう。少なくとも、いまの世の中の価値観で、将来プラスになるかマイナスになるかというのは不毛だと思いますね。

土橋　まあ、こういうと語弊があるかもしれませんが、このあたりは時間の問題ですから（笑）。時が流れ、自然に世代が入れ替わった時、まさに自然現象のように雲間から光が差し込んできて、元気が出てくると思うんです。

幕内　確かに時間の問題ですね（笑）。

土橋　だから、何か特別なことをしないといけないわけじゃなく、私としては、社会学的なものだけ勉強しておけば、あとはもう大丈夫。だって、曇りばかり続くわけではないですし、台風が来ても、なくなるまで我慢していれば通り過ぎますから。そのあたりは日本人の気質として、みんな耐える力を持っているわけですからね。

幕内　そのこととどこまで関係あるかわかりませんが、私が一番気になっているのは、ニュース番組のコメンテーターって、経済評論家か金融機関、保険会社のシンクタンクが圧倒的に多いことです。そうした人が、経済問題だけではなく、教育から農業、医療、あらゆる問題についてコメントする。あらゆる問題の背景に「経済」があることはわかるんですが、非常に違和感がありますね。

土橋　お金で世の中の現象を説明しようとしても、それだけでは無理があると思いますよ。

幕内　もっと幅の広い人のコメントを聞きたいと思うけど、新聞もテレビもそういう人は出てこない。だから、テレビは食事の時に多少は見るけど、もうくだらなくてね。それまではニュースだけ見てたんですが、時代遅れの価値観を植え付けられるような気がして、最近はあまり見なくなりましたね。

土橋　メディアは洗脳機関のようなところがありますから、そういう役割なんだと思って見るようにするといいと思いますね。私からしたら、そういうことも含めて全肯定なので、ちゃんと見極めさえできれば自分に対する影響ってないと思いますよ。何かを否定して、非難してというより、とにかく原則は全肯定です。

幕内　なるほど。肯定して、見極めていくと。私はそこまで大きくないですね。

土橋　それはそういうものであって、いいも悪いもないと思うんですね。いずれにしても、戦後の焼け野原から立ち上がっていくなかで作られてきたものが、もう賞味期限切れを起こしてしまっているんじゃないでしょうか。歴史のなかで見れば、非常に短かったと思います。なにしろ、それも仮の姿ですから。

幕内　ええ。まさに仮の姿なんでしょうね。

イデオロギーを超えた言葉

土橋　人間そのものがやっぱり財産ですから、一番問題だと思うのは、財産である人間が学ぶべきことを学んでこなかったことにあると思うんです。私たちがいう人間学、社会学をしっかり勉強して、そのうえでそれぞれの専門分野を変えていくという。

幕内　そうですね。

土橋　本質を学ぶと言っても、これまでは左翼運動とかイデオロギーとかと結びついたもの、自然に生まれたものではなく、作られたものですから。いまは、そういう作られたものじゃない変化が現れていると思いますね。

幕内　おっしゃるようなイデオロギーを超えた言葉というものを、最近、つとに考えることが多いんですが、あの全共闘世代を振り返ると、村上春樹も、浅田次郎、伊集院静、ビートたけしもからんでないんですね。東大闘争の頃、養老孟司さんは東大にいたわけですが、闘争を横で眺めながら麻雀ばかりしていたといいますからね（笑）。

土橋　みんな先生が好きな人たちばかりでしょう？

幕内　まあ、私が面白いって思う人は、だいたいあの年代なんですけど、誰もからんでない。それがなぜかは説明できないんだけど、私は偶然だとは思わないですね。

土橋　そういう人たちは、本当はイデオロギーなんていうものはないということを、どこかでわかっていたんじゃないですかね。

幕内　うすうすわかっていたんでしょうね。

土橋　イデオロギーがあると思っている人たちがそういう運動にのめり込んだわけで、もともとないんだという人たちは、それとは全然無関係ですよね。イデオロギーというものを、どこかで超えていったんじゃないかと思いますよ。

幕内　浅田次郎とか、伊集院静とか、当時のことを多少書いているものがあるんですが、なぜか行く気もしなかったみたいな感じなんですよ。伊集院静は、麻雀やってるほうが楽しかったとかね、浅田次郎は、それよりちょっと遅い、私に近い世代なんだけど、そういう時代をちょっと越えたら、逆に自衛隊に入ってるしね。

土橋　浅田次郎って自衛隊に入ってたんですね。

幕内　あの人は、三島由紀夫の影響が強いんですよ。それで高校を出て自衛隊に入っているんですが、高卒だからずっと下っ端なんですね。『歩兵の本領』なんていう本を書いていますが、後年、作家として成功して、市ヶ谷の防衛庁に講演を頼まれた時、これはひときわ嬉しかったと言っていますね。

土橋　その頃の自分ではとても想像できないことだから、嬉しかったんでしょう。未来というのは、つねにその人の想像を超えているというか、いまの価値観では想像できないものだからこそ希望があるんだと思いますね。

ガンは「心の病」である

「ガンだって心身症なんです」

幕内　先生、病院の診療科に心療内科ってありますね？　一般の人にはわかりにくいところがあるんですが、心の問題と体の病気を結びつけているという意味では、先生のおっしゃることと似ているところがありますよね。

土橋　もともと心療内科というのは、心身症を扱っていたんですね。心身症だと、内科的な病名がつくんです。たとえば、糖尿病という診断名がついたとしても、その原因が心の問題にあるという場合、心療内科で扱うわけです。

幕内　たとえば、どんな？

土橋　要は食べすぎちゃって、それで糖尿病になったと。その場合、食べすぎてしまった背景があるわけですね。それが対象になるんです。ただ、いまは検査しても内科的に何も病名がつかない人が、心療内科に行くわけですけどね。

幕内　心療内科にまわされると。

土橋　ええ。本来は、喘息《ぜんそく》にしても、胃潰瘍にしても、あるいはガンにしても、その原因が心の問題にあると見なされた場合、心療内科が扱うことになるんですが、いまは精神科と心療内科がごっちゃになっているでしょう？

幕内　なるほど。精神科とは本来の出発点から違っていたわけですよね。

土橋　それが、大して変わらないことになっちゃったと。まあ、精神科よりも心療内科のほうが行きやすいところがあるじゃないですか。

幕内　精神科の診察券は、なかなか人に見られたくないですからね。

土橋　もともとの心療内科の視点で見ると、ガンだって心身症なんですね。そこは私のとらえ方ととてもよく似ていると思いますね。この分野を打ち立てた九州大学の池見酉次郎《いけみゆうじろう》先生の本を読んだのですが、私と一緒だと思いましたから。

幕内　後で知ったんですね。

土橋　ええ。ただ、聞いた話では九州大でも異端扱いされて、池見先生が亡くなって以降はあまり活動していない感じのようですけどね。でも、私からしたら自信になりましたよ。自分が気づき、発見したことが、ただの思い込みだったら困りますけど、実際に大学でそういう研究がされていたわけですからね。

幕内　先生のやっていることをあえて分類すれば、心療内科だと？

土橋　いや、心療内科では治療することが目的ですけど、私の場合は、治療目的ではなくて、気づいてもらうことを重視していますから、そこは少し違いますね。もっとイキイキ生きるとか、命を輝かせて生きていくという、病気を超えたところに関心があるんです。

「医学じゃ人間は扱えない」

幕内　ただね、そういう医療を探求しはじめると、だいたい医者は疲れてきて、もう縛られたくないと言いはじめる（笑）。本質的なことに気づいていくと、自由診療に向かうことになっちゃうんですよね、いいとか悪いとかじゃなくて。

土橋　心療内科にしても、もともとの理念はお話しした感じだと思いますが、結局、臨床では薬を出すしかない場合が多いですからね。いまの医療のシステムでは、生き方までアプローチするのは難しいと思いますよ。

幕内　下手すると、いまはネット時代ですから、評判いいと普通の内科より診察時間がなくなってしまいますし、やってくるのは厄介な人ばっかりでしょ。だからもう、疲れてしまうか、薬を出すだけになるか……。

土橋　確かにそうなっていくでしょうね。

幕内　患者さんのドクターショッピングがすごいんでね、ちょっと評判いいとうわっと人があふれて、それでいい先生じゃなくなっちゃう（笑）。

土橋　患者さんは、優しいとか、思いやりがあるとか、話を聞いてあげるとか、そういう先生をいい先生って言いますからね。

幕内　そうですよ。ほとんどの人がそういう医者を求めている。

土橋　それで、耳が痛いことを言うような医者のところには行かない。

幕内　まあ、顔も見ない、手も触らない医者も増えているようですから、優しい、聞いてくれる医者が求められる背景はわかりますけどね。

土橋　そういう患者さんが多いと、確かにそこは繁盛しますね。パソコンの画面だけを見ている医者が増えると、その反動として、普通の西洋医学の医者が重宝されるというか、一つのビジネスになっていきますよね。

幕内　保険診療をやっている限り、やっぱり限界があるんでしょう。

土橋　医学じゃ、人間は扱えないんですよ。心療内科でいくらやったとしても、真面目にやるほど行き詰まるでしょうね。

土橋　心のありようというのは、先生がおっしゃるように、かなり食に出ると思うんです。その典型が、先ほど出た摂食障害なんでしょうが……。

幕内　これからもっと増えていくと思いますよ。

食事は心の変化、生き方の変化の入り口でしかない

土橋　先生は、精製糖質と精製脂質の摂りすぎが問題だと話されたじゃないですか。

幕内　精製糖質は、白砂糖や清涼飲料水などに使われている異性化糖のことですよね。こうした工業的に精製された糖質の害についてはよく語られるようになりましたが、私はこれに加え、精製脂質も問題だと思っているんです。

土橋　精製脂質というのは？

幕内　私の造語なんですが、食用油やラードやショートニングのことをそう呼んでいます。これらの食品も精製して作られたものなので、食品に含まれる栄養素のすべてが脂質、脂質の割合が１００パーセントなんですよ。

土橋　どちらも自然な食べ物にはありえない、と書かれてますね。

幕内　ええ。一つの栄養素が１００パーセント含まれる食べ物なんてないですから、同じ量を食べても過剰摂取になってしまうんです。

土橋　砂糖まみれ、油まみれになってしまうわけですね。ただ、ここまでいろいろと話してきたように、こうしたものを過剰に欲しがる背景が問題だということですよね。だとすれば、食事でメンタルが変わっていくのもわかる気がします。

幕内　まあ、単純に精製糖質や精製脂質をやめてもらうだけでは、根本的に変わるところまでは難しいところがありますけどね。

土橋　食事で心を変えるという点では、佐藤初女《さとうはつめ》先生なんてそうですよね？　青森で「イスキア」という癒しの場を主宰されてますが、そこで彼女の握ったおむすびを食べるだけで、心が癒され、生き方が変わってしまうという……。

幕内　ああ、言われてみればそうですね。初女先生の手法というのは、食事だけの影響じゃないと思いますけど、確かに心は変わりますね。

土橋　私が関東に出てくる前に、じつは初女先生に会っているんですよ。

幕内　帯津病院に来られる前ですか？

土橋　ええ。和歌山時代が最初です。それで帯津病院で働くようになった後にもすすめられて、確か2000年の4月にも行っています。

幕内　私も何度か訪問していますけど、しかし、あんなテレビもない、何の娯楽もないところで、きれいな空気を吸って、ゆっくり温泉に入るだけで体にいいですよね。

土橋　本当そうですね。

幕内　宿泊した際、初女先生に「先生は真面目ですねえ、朝から散歩して」って言われたんですが、本当は外でタバコを吸っていただけでね（笑）。

土橋　遠慮して外したわけですよね。

幕内　でもね、面白いのが、初女さんは「先生、灰皿あるのに」って言って、みんなが食事するところに灰皿を堂々と置くんですよ。喫茶店ですら喫煙に厳しいような時代なのに、そういうところはまったく気にしない。

土橋　それ、驚く人が多いんでしょうね。

幕内　でも考えてみたら、不思議じゃないんですよ。初女さんはおむすびを握るけれど、食事そのもので心を変えようとしているわけじゃないですから。食事は心の変化、生き方の変化の入り口でしかないんですよね。

土橋　私があの方に興味を持ったのは、イスキアに訪ねてくる人に何の説法もせず、心を変えていくところですね。そこにはやっぱり神業的なものがあって、あの方のやっていることのなかに人の心を変えるものがひそんでいるんだと思いますね。

「ああ普通でいいんだ」

幕内　そうですね。私は亡くなった高倉健が大好きなんですが、ビートたけしが「健さんなんてね、ホームの向こうでタバコを持って、後ろを向いているだけで絵になるんですよ」

って言うわけです。自分は一生懸命「バカヤロー」とかやってるけれど、健さんなんて立っているだけでいいんだから、あれが本物なんだと。

土橋　確かにあのたたずまいだけでね。

幕内　だからね、「世界の北野」なんて話にならないと。要するに、初女先生もそういう感じの方なのかなと思うんですよ。いろいろと経験を積み重ねるなかでの存在感というか……たぶん、昔の医者ってああいう人だったんでしょうね。

土橋　接するだけで良くなっちゃうっていうね。

幕内　薬なんてなくても、それでも良くなったりするわけですから。

土橋　それも、前にお話しした虚数の部分ですよね。初女先生が作るご飯にしても、特別にいい材料を使っているわけじゃないでしょう。ただあの方の手にかかると、そういうすごいものができちゃうわけですから。

幕内　使っている調味料を調べたら、どれもごく普通の市販品なんです。ご飯も白米ですし、野菜なんかも基本的に無農薬じゃありません。

土橋　ははは。そういうものにこだわっている人は困るでしょうね（笑）。

幕内　あそこにやって来る人のなかには、頭でっかちで情報過食症の人たちも多いですから、ドクターショッピングのような感じでイスキアを見つけて、体にいいものを摂ろうと思っているわけですけど、普通なんですよね。
土橋　ええ。いたって普通ですよ。
幕内　だから、「ああ普通でいいんだ」と腑に落ちた人が、生き方を転換するというかね。要は、初女先生の人間性も含めて、そのための抜群のロケーションが用意されている。だって、本当にやることがないんだ、あすこ（笑）。疲れた女性が多いのも頷けるけど、行ってぼーっとしただけでもよくなるよね。
土橋　抱えていた概念が壊れると、何かが変わるんでしょうね。
幕内　食事を含めて「こだわり」が取れることで良くなる人がいるように思いますね。

じっくり聞いてあげているだけ

幕内　この対談の後に、岩手県の花巻温泉で講演があるんですよ。せっかく行くのでいろいろと調べていたら、近くに大沢温泉という温泉があって、そこが湯治場《とうじば》なんです。自炊もできて、一泊2500円くらい。
土橋　いまどき湯治場なんて珍しいですね。
幕内　私も初めてなんですよ。でも、2500円って安いでしょ。ところが、それだと素泊まりなので布団がないわけです。必要なものは別料金になっていて、敷き布団200円、まくらが10円、ゆかた200円、どてら150円など、「積み上げ方式」と呼ぶようです。食費を除いてトータルで3000円くらいでしょうかね。

土橋　持ち込みもオーケーということなんですね。

幕内　6畳ひと間なんですけどね、やっぱり農作業なんかで肉体を酷使していた時代は、ああいうところに行って、ゆっくりして体を癒したんでしょうね。温泉の効能もいろいろ書いてありますけど、そうじゃないよなって思いますよね。

土橋　効果効能で良くなるって、みんな思うんでしょうけど。

幕内　混浴の露天風呂とかあるんですよ。「タオルを巻いたり、水着をつけたりの入浴は衛生上お断りします」と注意書きがありますから、みんな体一つで入るわけです。まあ、それだとおばさんしか来ないか（笑）。

土橋　そういうところでは、文字通り、自分が持っていた枠が外れますから、枠の中で治らないところが治っちゃうんでしょうね。

幕内　転地療法みたいな感じですよね。だから、イスキアも転地療法の一つというか、あそこはそれ以上に初女先生の存在感ですよね。

土橋　そういう存在感が80歳くらいになって出てきたら、我々も何もせず、そこにいるだけで人を治せちゃうかもしれないですね。

幕内　だって、昔の医者は、医者であると同時に宗教家であり、嫁姑の問題から死生の問題まで何でも相談を引き受けたし、生まれた子供の名前をつけたりね、その地域の人たちと全身で接していたと思いますよ。

土橋　人格者でもあったんでしょうね。

幕内　それがいつの間にか成績だけでなれるようになってね。だから、目の前の臓器しか見えなくなっちゃうんじゃないのかな。イスキアに訪ねた人が初女先生と話しているのを見ていると、じっくり聞いてあげているだけですよね。

土橋　それだけで良くなっちゃう人が出てくるのもわかりますよ。とにかくね、頭のいい人ほど概念を取ることが大事だと思うんです。

生きることと死ぬことは連続的なもの

幕内　都内の松井病院という病院に食養内科という診療科があるんですが、そこの日野厚先生という方の本に、「医者としてこれから自分は何人の患者さんに接するかと考えると、誰にも接しないのに等しいくらいの人数しか診ることができない」といったことが書かれてあったんですよ。

土橋　どれだけ診ようが、全体から見ればわずかでしょうからね。

幕内　でも、正しい食の教育を行ったら、その何倍もの人たちに健康を与えることができると。自分はそちらをやりたい、というようなことが書いてあって、それが私にとって道しるべになった気がしているんです。

土橋　私も、いまは一対一でというのはあまり興味ないですね。手術なんかは完全にそうなんですけど、そういう世界と違うものがあると思うんです。たとえば、今回の本とかいろんなものを通して、もっと広く、会ったことのない人にも影響を及ぼせることってあるでしょう？　だから、在宅医療なんかは好きじゃないんですよ。

幕内　先生はそういうタイプじゃないんでしょうね。

土橋　病気に意味と価値があるっていうことが、当たり前になっていくだけでも、医療は変わっていくと思うんですね。私の場合、その意味と価値というのは、宗教じゃなくて、哲学でとらえたいと考えているんですが。

幕内　宗教だと、どう違うんでしたっけ？

土橋　まあ、言葉のとらえ方かもしれませんが、生きることと死ぬことは連続的なものですから、宗教のように死後だけを特別視してしまうと、「死んだらこうなりますよ」みたいな話になってきますよね。それはちょっと違うわけで。

幕内　鳥取赤十字病院で内科医をしていた徳永進先生という方の講演会を、以前聞きに行ったことがあるんです。死をテーマにした本（『死の中の笑み』）が売れたこともあって、ものすごい人が集まっていたんですが……。いい本で人気があるというより、死というテーマでこれだけ集まるのかという感じがしたんです。

土橋　死ぬことを心配する人が、それだけ多いんでしょうね。

幕内　面白いと思ったのは、この講演で先生が、「皆さん、私の話なんて聞かなくったって、必ず迎えが来るから」と言うわけです（笑）。「大丈夫です、間違いなく保証します、必ず心配なく行けますから」って。

土橋　ははは。そりゃそうでしょう。

幕内　多くの人にとっては、あくまで死は否定できないんだって思いましたよ。そこに集まった人の多さとか、会場の熱狂とかすごかったですから。

●マジックに気づかないままで死んでしまうのか

土橋　医者の多くは、どんなふうに死ぬかと考えた時、おそらくガンで死ぬことを選択すると思うんですね。ガンって進行すれば必ず死ねますから、半身不随で寝たきりよりはいいという感じなんでしょうけど。

幕内　いきなりポックリ死んだら、女房や子どもにお詫びも言えませんしね。

土橋　動けなくなって生きていても、いつか死ぬわけです。ガンの場合は、何かしたら苦しみますけど、何もしなかったら楽に、それなりの猶予が与えられて死ねますから。現代人にとって、高度成長時代を生きた人にとって意味があるというか、福音とまではいかないけども、救済に近いところがあると思うんです。

幕内　オランダでしたっけ、安楽死を認めた……。

土橋　オランダですよ。おそらく日本人もかなり行っているんじゃないですかね。行きたくていくんじゃなく、死ねない人が合法的に死ぬために行くんでしょうけど。

幕内　何だか死に方さえも、先生が言っているマジックというかね。

土橋　そのマジックに気づかないままで死んじゃうのか、自分でタネ明かしをして、それで意味と価値の世界で生きていくのか……。

幕内　まず意識が変化することが大事だと。

土橋　ええ、意識ですよ。ガン治療に関してもマジックですから、それに気づいたらガンとの向き合い方も変わってくると思います。

幕内　私はね、大学出た後に2年くらい研究室に残ったんですよ。そこでネズミの実験をしていたんですが、研究室に動物の好きな女の子がいたんですよ。ヒロコちゃんって言うんだけど、ネズミを入れておくカゴに「ヒロコ」って書いて、いつもかわいがって。

土橋　どんな実験をしていたんですか？

幕内　この海藻を餌に入れたら、コレステロールが上がるとか下がるとか、ネズミから血液を取って調べていたんです。ただ不思議だったのが、そのかわいがっていたネズミだけデータがぐちゃぐちゃなんですよ。これショックでね。本当はコレステロールが上がるようなところでも、1匹だけ違うんです。

土橋　ああ、かわいがってるネズミがね（笑）。

幕内　採血の間違いが絶対ないとは言えないけれど、どう見ても違うんですね。だとしたら、人間はどうなんだろうって。ネズミがこうだったなら、人間はなおさらね……。もうそれで踏ん切りがついて、研究室を辞めたんです。

「エビデンスなんて何の意味があるんだろう」

土橋　実験に感情が影響しちゃうということですね。

幕内　ええ。こんなことだったら、エビデンスなんて何の意味があるんだろうって思ったんです。栄養素しか見ていなければ、研究員でいられると思いますよ。だけど、食品になると難しくなり、食生活になるともっと難しくなる。人間相手の食生活だったらもっと、わけがわからなくなる。

土橋　そこでマジックに気づいたということですね。

幕内　こんなことで出世なんかしても意味がないし、誰の役にも立たない。そのたった一回の衝撃で、やっていることが無意味に思えたんです。どのアホ面下げてこれが続けられるのかってね（笑）。その後、アーサー・ケストラーの『ホロン革命』とか、フリッチョフ・カプラの『ターニング・ポイント』、デイビット・ボームの『断片と全体』などのニューエイジ・サイエンスの書籍を読んで……。

土橋　いやあ、たった一回の出来事で。

幕内　それから柴谷篤弘の『反科学論』、ルネ・デュボスの『人間と適応』、イヴァン・イリーチの『脱病院化社会』などですかね、これらの良書と出会って、さらに確信が深まっていったんです。

土橋　栄養学の勉強はせずに（笑）。

幕内　食品学ということであれば、確かにそれはエビデンスになるかもしれない。でも、生身の人間の栄養学として考えたら、そんなデータをいくら取ろうが、とてもじゃないけど無理だよなって思いましたね。だから、私の本に対して非科学的だとか、エビデンスがないとか言われても、何とも思わない（笑）。

土橋　根本が違うわけですからね。

幕内　私自身、医学的だとか、科学的だとか言ったことないですからね。それなのに、非科学的だとか、何が科学的に証明されているかとか。

土橋　そこ、わかってない人が多いんでしょうね、先生自身のことも。こうした前提を理解して読んだらわかるのに、そういう人は科学の目で読もうとしますからね。

●全員がハリー・ポッターになれる

幕内　なにしろ、ここ何十年かの歴史のなかで、数量化できないものは信ずるにたらず、みたいな常識が染みついていますからね。

土橋　そうですね。それも思い込みなのに、確かなものだと信じてしまっている。そうやって信じてしまうことで、本質が見えなくなるんですよ。

幕内　そういう人たちは好奇心の幅が狭いから、それも宗教の一つなんだって説明しても、たぶん何を言っているのかわからないかもしれないですね。だから、議論も何も成り立たないわけです、正しいかどうかという以前にね。

土橋　世の中、「マジックだって言ってもわからないでしょうからね。タネ明かししたら「あぁ、こんなもんか」という感じのことなんですけど、どうしても信じることがやめられない。たとえば、法律的にこうだとか言ってきても、結局、それもマジックですから。どれも人間が作ったわけですからね。

幕内　先生がおっしゃる、人間が作ったということがポイントですよね。人間が作ったシステム、人間が分析した成分、人間が計算した数値……全部人間が作ったものでしかないことに気づかないいんだろうなぁ。

土橋　ネズミで実験する場合もそうですけど、結局、その時々で誰かにとって都合のいいようにマジックをかけてきたんですね。そもそもそれが人類の歴史であって、どんな文明であっても必ずマジックのタネがある。

幕内　それって当たり前の話だと思うんですけどね。

土橋　だから、そのタネが明かされると、マジックでない魔法が使えるようになるというか、全員がハリー・ポッターになれると思うんです。私はね、すべての人がハリー・ポッターの杖を持っていると思うんですよ。

幕内　ハリー・ポッターって、息子は見てたけど、私はよく知らないなあ。

土橋　要するに、魔法の杖を持っているんですよ。その杖はハリー・ポッターしか持っていないことになっているけども、それはあくまでもマジックの世界から見た場合の話でね、本当は誰もが持っているわけです。

幕内　自分の本当の力っていう感じですかね。

土橋　だから、幕内先生が「エビデンスが本質じゃない」と思った時、じつは魔法の杖を手に入れたんですよ。じゃあ、その先に何が待っているかと言ったら、すべてその魔法の杖が起こしてくれるわけです。わかりやすく言えば、意識の力、自分がどう思うかっているところで、エネルギーが流れはじめるんですよ。

幕内　魔法の杖を知らない間に使ってきたんだと。

土橋　ええ。知らない間に使ってきて、それでいまがあると思うんですね。知らずに使っている人って、いくらでもいると思うんですよ。

人にやらされているところから脱け出す

幕内　たとえば、病気になった場合でも……。

土橋　そう、ガンになっても、自分に都合のいい結末を設定するというだけでかなり違ってくると思いますよ。だって、普通は「あなたの余命は3ヶ月だ」とかね、勝手に人に決められて、それに縛られてしまうわけですから。

幕内　なるほど。魔法の杖を持っているのに、使えなくされてしまうわけですね。

土橋　人生って、やっぱり自分で切り開いていくものだと思うし、それは大昔から、何千年も前から変わらないことだったと思うんです。だって、何もなかった時から、人間は自分でそう思って、それを形にしてきたわけですから。

幕内　思いがまずあるということですね。

土橋　そうです。恐怖心があったらダメなんですよ。恐怖心を抑えて、そういう生活ができるかどうか。不安はあるけれども、あまり不安に思っていてもどうにもなりませんから、それを脇に置いて、やりたいことをやる。人にやらされているところから脱け出す、自分の人生を歩き出すことが大事なんです。

幕内　それがハリー・ポッターの魔法ということですか。

土橋　ええ。難しいことではないんですよ。常識的に見たら魔法かもしれないですけど、みんなが使えるようになれば魔法じゃなくなるわけですから。

幕内　私なんか同窓会に行くと、本が多少売れたりしたのを知っているからなのか、「あなたは長い間苦労したからね」って言ってくれる人がいるんです。でも、それってまったく理解できていない人の言葉なんですよ（笑）。

土橋　システムのなかで生きてきちゃった人は、全然わからないかもしれませんね。

幕内　「大変だったもんね」っていうけど、先生が土手を走った時も、私が学校辞めた時も、たぶん心境は同じですよ。面白くて面白くて、夕陽に向かってバカヤローっていう感じだったんじゃないですか？（笑）これから厳しい現実もあるかもしれないけれど、なんかそれ以上にバラ色の生活が待っているというような。

土橋　こっち（東京）に来てから、寂しいとか帰りたいとか思ったことはなかったですね。「これから何があるんだろう」っていう思いのほうが強かった気がします。

幕内　悲壮感はあまりなかった？

土橋　新しい世界に飛び込んで、具体的にどうなっていくかということより、なんかそういうワクワクした空間にいましたよね。

「ワクワクしたことは間違ってないと思うんです」

幕内　考えてみれば、19歳で茨城から東京に出てきた時なんて、意味もなくワクワクしたこと思い出しますね。私はね、ワクワクしたことは間違ってないんだろうと思うんです。ただ、まわりの人に迷惑をかけるとは思いますけどね。

幕内　家族とか、きっとわがままだと思う人も多いでしょう。

土橋　まあでも、先生の本を読むと、自分はガンにならないと思いましたね。

幕内　先生はならないでしょう（笑）。

土橋　喜んでいいんでしょうか？　見えないストレスっていうのはあるから、もしかしたら自分もなるかもしれませんけど。

幕内　いや、そういうものもないんじゃないですかね（笑）。結局、今回の対談の結論としては、マジックの中で生きている人がガンになるんですよ。それで、そのマジックに気づき、タネ明かしできた人には、違うエネルギーが入ってくる。

土橋　それでガンが治ったり……。

幕内　そういう人は枠がないから、縛られてるものがないですから、そもそもガンにならないですよ。逆に、ガンになった人がどうやって治せばいいかというと、マジックだということをわかればいいんです。タネ明かし自体は簡単なんです。

土橋　ガンが治る、治らないということを超えて、そういう人は「ああ、よかったな」という死に方ができるでしょうね。でも、そうなると、私みたいなわがままな人間、いい加減なヤツが増えてしまうな（笑）。

土橋　わがままであるほど、ガンになる要素があまりないんですよね。会社を辞めちゃってとかね、非常識かもしれないけれど正直ですからね。

命のストレスに自我がどれだけ気づけるか

幕内　たとえば、本人がストレスだと思っていなくても、ストレスになっていることってあるでしょう？　真面目で頑固な人とか……。

土橋　自我が思っていなくても、命はストレスを感じているかもしれませんよね。この命と自我とのギャップが大きいと、体を壊して病気になったりする。そういう現象が現れることで、自然とストップがかかりますよね。だから、自我をなくす必要はないけれども、命というものに自我がどれだけ気づけるかが大事でしょう。

幕内　命に自我がどれだけ気づけるか……。

土橋　自我が社会の枠組みを大事にして一生懸命生きていても、命のほうはそれがマジックと知っているわけですよ。本当のことを知っているわけで、自我がそれに気づけば、違う力がその人に働くんです。それだけでももう、囚人が檻から解放されるみたいな変化が実感できると思いますよ。自分が存在している空間、価値判断が変わるわけですよね。ここがポイントだと思います。

幕内　そろそろ、いい感じにまとまってきたんじゃないですか（笑）。帰りがてら、駅の近くで武蔵野うどんでも食べませんか？

土橋　いいですね。軽く打ち上げをしましょうか。

幕内　話していて楽しかったですし、とても勉強になりました。

「人間・幕内秀夫」との対話を終えて

土橋重隆

２０００年４月、埼玉県川越市にある帯津三敬病院に勤務することになり、そこで幕内秀夫という当時売り出し中の管理栄養士に会いました。

『粗食のすすめ』を書いたベストセラー作家、私にはそれだけの知識しかありません。医局でひとりぽつんといる幕内先生に話しかけてみると、意外なほど気さくに対応してくれ、自分が勝手に作ったイメージとは違う素朴さを感じたのをおぼえています。

その独特の茨城なまりは、関西人の私にとても温かな人柄を印象づけてくれましたが、親しくなるに従い、それだけではない意外な側面が見えてきました。

「この人はただの管理栄養士ではない、背景に何かとってもなく大きな世界を持っている」次第にそう思うようになりました。人間の裏の部分に焦点を当て、粗食のイメージとは百八十度違う視点から人間を観察してきている、こんな感覚を持った人にこれまで会ったことがありませんでした。

その頃の私は、西洋医学の世界にどっぷり浸かっていた状態から離れ、新しい医療を求めて動き出していました。ただ、帯津病院で行っている代替療法や統合医療に、その答えがあったわけではありません。

幕内先生は、私に「川を渡った医者」の話を何度もしてくれました。渡っちゃいけない川を渡ってしまった医者の話です。対談の中でも出ましたが、幕内先生はもしかしたら私にもその可能性があると見ていたのかもしれません。

その話はその後もつねに私の心に残り、また、こうして久しぶりに会えばその話に花が咲くという、何かとても大事なことを共有しているような、普通ではない関係が続いたように思います。

今回の対談では、本の対談として設定された場であリながら、それをまったく感じさせないありのままの幕内先生と私のすがたが表現されています。

きっと多くの幕内ファンにとっても、ふだんあまり見たことがない「人間・幕内秀夫」の物の捉え方、考え方が読み取れたのではないかと思います。私自身、何よりもそれをうまく引き出せたと満足しています。

懐かしい話に花を咲かせつつ、「生きるとは何か？」という哲学的な内容に富んだ、個人的にも意味のある対談になりました。肩ひじ張らず、様々な立場の人に読んでいただきたいと思っています。

「食」の背景にあるものへの視線

幕内秀夫

私が本当の意味での、栄養学（食事療法）の研究を始めて、そろそろ30年になろうとしています。

30年前、書店に行って食生活と健康に関する書籍を探そうとしても、どこに置いてあるのかわかりませんでした。書店によって、「医学」「家庭医学」「料理」「雑学」「趣味と実用」などバラバラだったことを思い出します。

それがいまや、どの書店に行っても膨大な類書が一塊で置かれるようになっています。一つのコーナーができているので探すのも容易になりました。それだけ、食生活と健康に関心がある人が増えたということができるでしょう。しかし、裏を返せばそれだけ「食」の乱れによって、体調を崩し、病気になっている人が増えたのだとも言えます。

私自身の30年を振り返ってみると、当初は「欧米崇拝」「要素還元（栄養素）主義」の栄養教育への疑問からスタートしています。

それをまとめたのが、ベストセラーになった『粗食のすすめ』（１９９５年）でした。いまでも同書で指摘してきたことに大きな間違いはないと考えていますが、それから20年が過ぎ、私たちの食生活は欧米化を通り越して、「工業化」に進んでしまいました。意識しなければ、「工業製品」で胃袋を満たすようになってしまったのです。

それまで私たちが口にするものは、畑や水田、山や海で収穫、生産された「農林水産物」がほとんどでした。加工されたとしても、乾燥や発酵、あるいは味つけするくらいのものでした。少なくとも原材料がわかる範囲だったのですが、最近の工場で生産される「工業製品」は原材料がわからないほど加工されるようになっています。

問題は、そのことによって単に「美味しい食品」ではなく、「快楽」を感じるように作られるようになってしまった点です。そのため、アルコールやタバコと同じように、「わかっちゃいるけどやめられない」、自分の意志ではやめることが難しくなっています。それが世界的な肥満問題になっています。

食生活と健康に関する書籍が膨大に増えた背景には、こうしたドラッグ化の問題があると考えていますが、その一方で、「食」だけを取り出して現代の食生活の問題を論じることの限界も感じてきました。

古典的名著『美味礼讃』を書いた、フランスの法律家、政治家、ブリア・サヴァランの有名な言葉があります。

「ふだん何を食べているのか言ってごらんなさい。あなたがどんな人だか言ってみせましょう」

食生活を見ただけで、その人がわかると述べているわけです。まさに、「生き方」「考え方」さえも食生活に現れる。これは個人的な問題だけではなく、現代社会が抱えた様々な問題も、「食」に現れているということでしょう。そうした背景にある問題を抜きにして、「食」だけを考えることには限界があると改めて思います。

もちろん、食生活を見直すことで健康を取り戻す人はたくさんいます。しかし、対談にも登場した「森のイスキア」で難病を克服するきっかけを見つけた人たちは、「食」を通して「生き方」や「心のあり方」さえも見直した人たちなのでしょう。

そうした背後にあるものを意識するようになったのは、土橋先生との出会いが大きかったと思っています。今回の対談で、先生と久しぶりにじっくりと話し合うことで、もう一つ大きな視点で「食」という問題をとらえられるようになったと感じています。
土橋先生に感謝するとともに、このような対談（勉強）の機会を作っていただいた、長沼敬憲氏に御礼を述べたいと思います。

追記：
本書の校正の過程で、著者のお二人とも親交のあった佐藤初女さんがお亡くなりになりました。安らかな眠りにつかれますよう、お祈り申し上げます。（編集部）

この対談は、２０１４年9月1日および9月22日、東京・国分寺の「カフェスロー」にて収録したものです。

じぶん哲学～シルクハットから鳩が出てくるのはマジックでしょうか？～
土橋重隆　幕内秀夫

発行日：2016年2月23日　第1刷
編集：長沼敬憲（リトル・サンクチュアリ）
デザイン：渡部忠（スタジオ・フェロー）
校閲：寒川夕紀

発行人：長沼恭子
発行元：株式会社サンダーアールラボ
〒240-0112　神奈川県三浦郡葉山町堀内1263-7
Tel&Fax：046-890-4829
info@handkerchief-books.com
handkerchief-books.com

印刷・製本所：シナノ印刷株式会社

Printed in Japan

ISBN978-4-908609-02-2 C1010